대학입학전형 사용설명서

대학입학전형 사용설명서

(교육제도가 바뀌어도 흔들리지 않는 대학 선택의 모든 것)

[행복한 교과서®] 시리즈 No.24

지은이 ㅣ 김은혜
발행인 ㅣ 홍종남

2016년 8월 1일 1판 1쇄 인쇄
2016년 8월 8일 1판 1쇄 발행

이 책을 만든 사람들

책임 기획 ㅣ 홍종남
북 디자인 ㅣ 김효정
교정 교열 ㅣ 김솔
출판 마케팅 ㅣ 김경아

이 책을 함께 만든 사람들

종이 ㅣ 제이피씨 정동수
제작 및 인쇄 ㅣ 다오기획 김대식 · 정인균

{행복한콘텐츠그룹} 출판 서포터즈

김미라, 김미숙, 김수연, 김은진, 김현숙, 박기복, 박민경, 박현숙, 변원미, 송래은
오석정, 오주영, 윤진희, 이승연, 이인경, 이혜승, 임혜영, 정인숙, 조동림, 조은정

펴낸곳 ㅣ 행복한미래
출판등록 ㅣ 2011년 4월 5일. 제 399-2011-000013호
주소 ㅣ 경기도 남양주시 도농로 34, 부영e그린타운 301동 301호(도농동)
전화 ㅣ 02-337-8958   팩스 ㅣ 031-556-8951
홈페이지 ㅣ www.bookeditor.co.kr
도서 문의(출판사 e-mail) ㅣ ahasaram@hanmail.net
내용 문의(지은이 e-mail) ㅣ toyland7112@naver.com
※ 이 책을 읽다가 궁금한 점이 있을 때는 지은이 e-mail을 이용해주세요.

대학입학전형 사용설명서

교육제도가 바뀌어도 흔들리지 않는 대학 선택의 모든 것

| 김은혜 지음 |

행복한미래

불안을 넘어 자신만의 대입 전략을 준비하라

필자는 대입 업무를 담당하면서 수많은 학부모와 수험생을 만났습니다. 물론, 좋은 대학을 선택하고 합격하고 대학생활에 적응하는 데는 수험생 개인의 노력이 필요합니다. 요행수로 노력보다 좋은 결과를 얻는다거나 하늘에서 행운이 뚝 하고 떨어지는 일은 거의 없습니다. 하지만 학부모와 수험생이 노력을 시작하는 단계에서 누군가 잘 찾아갈 수 있도록 길을 가르쳐 준다면 그 여정이 조금은 더 편하지 않을까요? 그런 마음에서 이 책을 쓰게 되었습니다.

이 책에서는 대학입학을 준비하는 기술이나 공부법을 제시하지 않습니다. 대학입학제도라는 큰 틀을 이해하고, 대학을 들어가는 여러 경우의 수 중 어떤 것을 선택하고 집중해야 하는지 파악할 수 있도록 기본 틀을 잡아 줍니다. 대입을 이해하려는 학부모와 수험생, 대학입학 업무를 처음으로 진행하게 된 대학입학 업무담당자에게 작지만 도움이 되는 내용으로 구성했습니다.

필자의 경험을 되돌아봐도 수많은 선택과 결정의 여정에서 누군가 큰 틀을 미리 제시하여 주었더라면 하는 아쉬움이 남습니다. 그랬더라면 더 좋은 선택과 명확한 방향성이 담긴 노력의 결실들을 맺을 수 있지 않았을까 싶습니다. 방향성 없이 여기저기 흩어진 정보와 에너지는 결국 큰 힘을 발휘하지 못했기에 많은 후회가 남습니다. 물론, 시간이 지난 후에는 알게 되었죠. 이 책으로 대한민국 고등학교 3학년 수험생이라는 꼬리표를 단 모든 학생이 자신의 노력을 모으기 전에 먼저 명확하게 방향성을 찾을 수 있기를 바랍니다.

기준을 정하고 전략과 방향성을 수립한다면 결코 흔들리지 않습니다. 이 소문, 저 소문에 따라 흔들리지 않는 것만으로도 여러분의 대학입학은 어느 정도 성공한 것입니다. 삶에서 모든 영역의 결정과 노력, 선택이 불안감만 떨쳐내도 어느 정도 성공하는 것처럼 말이지요. 큰 경기에 나서는 운동선수 중 소위 '멘탈이 강한 선수'는 결정적인 실수를 하지 않고 좋은 성적을 거두는 것을 볼 수 있습니다. 물론, 노력이 뒷받침되었기에 가능했던 것이겠지요. 수험생 여러분도 대학입학이라는 큰 경기를 앞둔 이 시점에 자신의 기준과 노력을 바탕으로 불안을 넘어서서 마침내 그것을 정복할 수 있기를 바랍니다. 과도한 긴장과 불안을 넘어선다면 여러분도 신중하고 정확하게 판단할 수 있을 것입니다.

이 책은 수험생뿐만 아니라 대학입학 업무를 이제 막 시작한 업무담당자와 선생님도 고려하여 기술했습니다. 사실 대학입학과 관련된 일을 하는 사람들은 많은 대학입학정보를 접하며, 대학입시와 관련된 이슈를 다룹니다. 대학입학의 근간과 기본 틀을 이해한다면, 향후 업무를 진행하면서 대학입시 전체를 총괄적으로 바라볼 수 있는 식견을 높일 수 있을 것입니다. 필자는 많은 선생님과 담당자를 만나며 한 가지 안타까웠던 점이 있었습니다. 대학입학이라는 기본 틀을 이해하지 못한 채 현상에만 집중하여 대학입시라는 큰 숲을 제대로 파악하지 못하는 것이었습니다. 이 책이 이들에게도 조금이나마 도움이 되기를 바랍니다.

사회적 모든 요소는 진화합니다. 대학입학제도 또한 계속 변화하고 진화하며 발전하고 있습니다. 변화하며 움직이는 제도적인 큰 틀을 이해할 때 그 속에서 전략적 선택도 더 잘 해낼 수 있을 것입니다.

자! 이제 대학입학이라는 큰 틀을 이해하려 떠나 봅시다!

| 목 차 |

| **프롤로그** | 불안을 넘어 자신만의 대입 전략을 준비하라 | 004 |

1부. 대학입학제도의 큰 틀을 이해하라

1 우리 대학에 어울리는 사람은 따로 있다 … 012

2 대학입학전형은 과학이다 … 017

3 대학입학전형이 3,000개라고? … 022

4 대학입학전형의 기본인 '틀'을 파악하라 … 026

5 전형을 쉽게 파악하는 표지판 : 대학입학전형 간소화 방안 … 033

6 대학입학정보의 지름길, '사전예고제'가 핵심이다 … 040

7 정량평가(定量評價)로 대학에 간 학부모가
   꼭 알아야 할 정성평가(定性評價) … 046

| **Special Page** | 성숙한 선택을 하는 연습이 필요하다 | 049 |

2부. 정원내 전형 : 대학이 정한 선발인원

1 한눈에 알아보는 대학입학제도의 변천사 056

대학입학 톡! Talk? 고사장 : 확인! 또 확인! 다시 한 번 확인하라 064

2 일반전형 : 말 그대로 '일반전형' 066

대학입학 톡! Talk? 날씨 : 시험 당일의 날씨는 미리 확인하라 076

3 특별전형 : 일반전형이 아닌 모든 전형 078

대학입학 톡! Talk? 연락처 : 대학입학이 끝날 때까지 바꾸지 마라 088

4 대학독자적기준 특별전형 : 대학이 정한 기준에 따라 선발 090

대학입학 톡! Talk? 모집요강 : 작은 부분도 놓치지 마라 094

5 특기자 특별전형 : 재능이 특별한 학생 선발 096

대학입학 톡! Talk? 옥에 티 : 자기소개서의 결정적 실수를 조심하라 104

6 고른기회 특별전형 : 정원내로 확대된 정원외 특별전형 106

대학입학 톡! Talk? 면접 : 가족과 함께 연습하라 110

|Special Page| 법령 사항에 따른 대학 구분 112

3부. 정원외 전형 : 제도적으로 주어진 또 하나의 기회

1 농어촌학생 특별전형 : 입학정원의 4% 이내 118

　　대학입학 톡! Talk? 입학사정관전형 : 전형의 발전 방향을 파악하라 125

2 특성화고교 졸업자 특별전형 : 입학정원의 1.5% 이내 127

　　대학입학 톡! Talk? 모집단위 : 모집단위별 선발인원을 파악하라 132

3 특성화고교 등을 졸업한 재직자 특별전형 : 제한 없음 134

　　대학입학 톡! Talk? 예치금 : 미리 고민하고 똑똑하게 선택하라 140

4 장애인 등 대상자 특별전형 : 제한 없음 142

　　대학입학 톡! Talk? 충원합격 : 발표가 끝나는 날까지 확인하라 146

5 재외국민과 외국인 특별전형 : 입학정원의 2% 이내 148

　　대학입학 톡! Talk? 재외국민 : 철저하게 대학입학을 준비하라 164

4부. 나에게 필요한 맞춤 대학입학정보를 확보하라

1 대학입학정보 1단계 내비게이션 : 대학입학전형기본사항 168

2 대학입학정보 2단계 내비게이션 : 대학입학전형시행계획 172

3 대학입학정보 3단계 내비게이션 : 대학별 모집요강 176

|에필로그| 수험생에게 주는 특별한 선물 180

1부

대학입학제도의 큰 틀을 이해하라

우리 대학에 어울리는 사람은 따로 있다

매년 수시모집이나 정시모집 시기가 되면 대입과 관련된 각종 기사들이 쏟아져 나옵니다. 그중 인상적인 표현으로 '대입지옥'이 있는데, 참 마음을 아프게 하는 말입니다. 그만큼 대입을 준비하는 수험생들이 겪는 고통이 크기 때문에 지옥이라고 표현하는 것이겠지요. 우리 사회에서 대학입시는 매우 큰 의미와 상징성을 지니고 있습니다. 조금 과장해서 이야기하자면, 우리나라 국민 대부분은 대입에 관심을 쏟고 있다고 할 수 있습니다. 대학 졸업 이후 취직 등 개인적 문제부터 대입과 관련하여 발생하는 학원가 중심의 부동산 문제, 우수한 대학을 많이 보내는 고등학교의 유무에 따른 지역 불균형 문제까지 우리나라 국민이라면 어느 정도 대입과 직간접적으로 연결되어 있습니다. 오죽하면 대학수학능력시험이 있는 날에는 수험생의 영어듣기평가를 배려하여 나라 전체가 모든 업무와 통행을 잠깐 멈추겠습니까.

대학입시를 대학의 입장에서 살펴보면, 대학에 가장 적합한 사람을 선발하는 과정이라고 할 수 있습니다. 기업에서는 당연히 기업에 가장 많은 이윤을 가져올 수 있는 능력 있는 직원을 채용하려고 할 것입니다. 물론, 우수한 학생을 길러 내는 것이 주목표인 대학의 신입생 선발과 이윤 창출이 주목표인 기업의 직원 채용은 의미가 다릅니다. 하지만 사람을 선발한다는 차원에서 대학 구성원이 되었을 때 그 대학의 자랑이 될 수 있는 학생, 그 대학의 인재상과 가장 적합한 학생을 선발하는 것이 대학의 주목표일 것입니다. 즉, 우리 대학에 가장 긍정적인 영향력을 미칠 수 있는 학생을 선발하는 것이 신입생 선발의 주요한 목표입니다.

대학입시를 큰 틀에서 이해하면, 대학에서 신입생을 선발하는 것은 향후 우리 사회의 모습을 결정하고 구축하는 과정에서 매우 큰 비중을 차지합니다. 우리 사회의 구조상 대학교육은 사회의 지배 세력을 형성하고 사회 전반을 이끄는 리더십을 길러 내는 과정입니다. 그렇기에 선발의 단계부터 온 국민의 관심을 전폭적으로 받고 있는 것입니다. 대학입시를 담당하는 부서와 전략을 짜는 연구진 또한 이런 사회적 책임과 부담을 갖고 대입 업무에 임하고 있기에 대학의 다른 업무들보다 더 과중한 압박감을 받는 것도 사실입니다.

대학이 학생을 선발하는 유형은 크게 두 가지로 나눌 수 있습니다. 하나는 신입생을 선발해야 하는 대학이고, 다른 하나는 더욱 우수한 신입생을 선발해야 하는 대학입니다. 사실 이 두 대학 사이에는 큰 차이가 발생합니다. 전자의 대학은 아무래도 신입생을 선발하고 충원하는 것에 큰 의미를 부여하고, 후자의 대학은 각 대학에 적합한 인재를 선발하는 고도의 전략을 수립하여 좋은 결과를 얻는 것에 큰 의미를 부여합니다. 이 책에서는 주로 후자의 입장에 선 대학들을 중심으로 대입과 관련된 전형과 전략을 살펴봅니다. 지피지기 백전불패이듯이 각 대학이 수립한 고도의 전략을 논리적으로 습득하고, 대학입학제도나 각 대학의 전형을 체계적으로 분석한 결과를 바탕으로 대학과 수험생 간에 긍정적 매칭을 시도할 수 있을 것입니다.

대학은 학문의 상아탑으로 배움을 주목적으로 하는 곳입니다. 그 역할과 의미가 많이 퇴색했다고는 하지만 여전히 대학은 고등교육의 상징으로 교육과 배움의 전당이라고 할 수 있습니다. 대학에서 가장 환영하는 수험생은 대학 본연의 존재 가치를 가능케 하는 학문의 진리를 추구하고 매진하는 구성원입니다. 배움과 학문 자체에 열정 없이 오로지 취직을 목적으로 학문을 추구하고, 다소 얕은 호흡의 스펙 쌓기에 혈안이 되어 간판 취득만을 목표로 하는 구성원은 원하지 않습니다.

대학에서는 배움에 열정이 있는지와 더불어, 우리 학교에 적합한 인물인지도 수험생을 선발하는 과정에서 확인합니다. 각 대학에는 건학 이념과 교육 목적이 있습니다. 그래서 그것과 어울리는 대학 고유의 인재상을 명시하여 수험생에게 안내합니다. 대학에서 신입생 선발은 무엇보다 '남의' 대학이 아닌, '우리' 대학이라는 공동체에 가장 잘 어울리는 사람을 선택하는 과정입니다. 우리와 달리 미국이나 유럽의 대학은 각 대학마다 설립 배경과 특징, 장점, 표방하는 인재상 등이 다양하며, 그에 적합한 인재를 선발하는 방법 또한 매우 자유롭습니다. 우리나라도 각 대학의 설립 배경이나 특징, 인재상을 구체적으로 명시하여 안내하지만, 대학에서 신입생을 선발하는 과정과 선발 방법에 자율성이 적어 대학마다 지닌 특징이 조금 가려지는 면이 있습니다. 그럼에도 대입에 관심이 있는 학부모와 수험생은 각 대학에서 표방하는 특징들을 미리 숙지할 필요가 있습니다. 어떤 대학은 세계 시민 양성을 목표로 할 수 있고, 어떤 대학은 전문적인 직업인의 육성을 목표로 할 수 있습니다. 또 종교적인 가치관이나 지역적이고 특수한 목적에 따라 설립한 대학은 선발하려는 수험생에게도 이런 특징들을 요구할 수 있습니다. 대학이라는 공동체와 수험생 자신의 궁합은 미리 체크해야 할 주요한 사항입니다.

2007년 입학사정관제를 도입한 이후 어떤 사람들은 "그냥 예전과 같이 동일 잣대로 수험생을 평가하고 대학입학제도를 단순화하면, 대입 문제가 이렇게 어렵지 않을 텐데……"라고 말합니다. 물론, 하나의 요소로만 수험생을 평가한다면 대학입학제도를 단순화할 수는 있겠지요. 하지만 모든 대학이 예전 대학입시와 같은 동일한 전형요소와 잣대로 수험생을 선발한다면, 대학 서열의 굴레는 영원히 벗어날 수 없을 것입니다. 또 각양각색의 장점을 지닌 수험생을 다양하게 평가할 수 있는 가능성은 사라집니다. 주로 입학사정관이 평가하는 학생부 종합전형을 중심으로 요즘 대학에서 수립하는 많은 대입전형은 기존 성적 위주의 '한 줄 세우기'에서 벗어나 다양한 재능과 적성, 발전 가능성을 지닌 학생을 선발하는 것이 목표입니다. 앞에서도 언급했듯이 '남의' 대학이 아닌, '우리' 대학의 특성과 여건에 꼭 맞는 신입생을 선발하려는 의지가 담긴 전형을 주로 기획합니다. 이에 대학입시를 준비하면서 각 대학의 특징과 성격을 면밀히 이해하는 것은 빠뜨릴 수 없는 매우 중요한 사항입니다.

궁극적으로는 대학이 각자의 특성과 여건에 맞는 인재를 선발하는 평가의 다양성을 인정하고 이것을 견고하게 운영한다면, 수험생 간의 불필요한 소모적 경쟁은 상당 부분 줄일 수 있을 것입니다. 우수한 신입생을 선발하려는 대학 간의 경쟁, 선발되려는 수험생 간의 경쟁에는 어느 정도 긍정적 측면도 있습니다. 하지만 대학의 교육 목적과 인재상, 발전 전략을 고민하지 않은 대학의 대입전형 기획과 수험생의 점수 경쟁은 교육계와 사회 전체적으로도 바람직하지 않습니다. 대학의 신입생 선발과 수험생의 대입 준비는 반드시 대학이라는 공동체와 어떤 학생이 가장 잘 맞는지를 서로 고민한 결과물이어야 합니다.

1 지원하려는 대학의 건학 이념, 설립 배경, 인재상, 교육 목적 등 특징을 파악해야 합니다.
2 지원하려는 대학과 자신의 특징이 잘 어울리는지 반드시 확인합니다.

대학입학전형은 과학이다

한때 "이 제품은 가구가 아닙니다. 과학입니다."라는 한 가구 브랜드의 광고 카피가 인기를 끈 적이 있었습니다. 이 광고 카피와 각 대학에서 지난 학년도 대입 데이터를 분석한 결과에 따라 대학 특유의 전략을 수립하는 과정을 연결 지어 본다면, 대학마다 발표하는 대입 전략 또한 일종의 논리성을 지닌 과학의 결과라고 할 수 있을 것입니다. 각 대학의 대학입학전형은 어떤 특징을 지닌 학생을 선발할 것인지 대학의 고유한 철학이 담긴 결과물입니다. 예를 들어, 한 모집단위의 학생을 선발한다고 가정할 때, 어떤 특징을 지닌 학생을 어떤 구성으로 선발할지 구체적으로 결정하여 밝힌 하나의 표현 양식이라고 할 수 있습니다.

대학마다 입학처와 입학본부에는 지난 학년도의 대학입시 결과를 분석하고 이에 따른 전략을 수립하는 연구진들이 있습니다. 주로 작년도 대학 지원 학생들의 특징과 성취도, 경쟁률, 기타 대학입시와 관련된 모든 요소와 대학에 가장 적합한 인재를 선발하는 대입전형을 설계하는 데이터를 분석합니다.

과거 학력고사로 학생을 선발하던 시기에는 국가 주도의 시험 성적에 따라 정한 서열대로 비슷한 속성의 학생들이 대학에 입학했습니다. 하지만 현재는 대학의 자율성과 특징, 인재상에 적합한 학생들을 특화된 전형에 따라 다양하게 선발하는 것에 집중합니다.

대학이 전형 유형을 다양하게 설계하는 이유는 다양한 학생 구성이 대학 발전의 원동력이 되기 때문입니다. 대학을 하나의 작은 사회라고 가정해 봅시다. 어떤 하나의 지원자격과 전형요소만으로 학생들을 선발할 때보다는 다양한 구성원과 장점을 지닌 학생들을 선발할 때 대학 발전의 원동력을 확보할 수 있을 것입니다.

이후에 자세히 살펴보겠지만, 전형 유형에 따른 선발 전략은 여러 가지로 수립할 수 있습니다. 대학의 선발 전략이 담긴 전형에는 보편적 기준에 따라 학생을 선발하는 일반전형도 물론 운영하고 있습니다. 이외에 각 대학의 인재상에 따른 대학 독자적 기준에 따른 특별전형, 특기가 있는 학생들을 별도로 선발하는 특별전형, 기회를 보장하는 차원의 학생들을 선발하는 고른기회 특별전형 등 여러 형태의 전형을 운영합니다.

대학의 선발 전략 수립에서 각 지원자격에 따른 전형 유형을 설계하는 것만큼 전형요소를 결정하는 것도 중요합니다. 동일한 지원자격에 따른 같은 전형 유형일지라도 구성된 전형요소에 따라 선발한 학생들의 특징은 서로 다를 수 있습니다. 예를 들어, 동일 지원자격이라 할지라도 반영하는 핵심 요소가 학생부인지, 논술인지, 실기·실적을 반영하는 전형인

지에 따라 지원 가능한 학생들의 부류와 합격자의 특징은 매우 상이합니다. 즉, 수험생은 대학을 지원할 때 지원자격과 함께 핵심적으로 반영하는 전형요소와 자신의 특장점이 일치하는지 반드시 확인해야 합니다.

전형요소가 상이한 대입전형을 유형별로 구분하여 대학에 입학한 수험생의 대학 성적 성취도와 생활을 분석한 연구에 따르면, 전형요소에 따라 대학생활에서 나타나는 특징들이 조금씩 다르다고 합니다. 즉, 논술전형으로 대학에 입학한 학생들은 대학에서 치르는 시험 형태와 가장 유사한 형태의 시험에 익숙하기 때문에 대학생활 중 치르는 중간고사나 기말고사의 성취도가 높다고 합니다. 그리고 고등학교생활 태도가 양호하고 학생부 성적이 우수하여 학생부 위주(고교, 종합) 전형으로 대학에 입학한 학생은 대학생활에 성실하고 학교에도 충성심이 높은 경향이 있었습니다. 수험생일 때의 특징과 장점은 그대로 대학생활의 특징과 장점이 되므로 대입을 준비하는 수험생은 고등학교생활에 충실하고 학업태도를 잘 유지하면 좋습니다. 그러면 성인이 되어서도 좋은 습관과 장점을 발전시킬 수 있는 자양분을 만들 수 있을 것입니다.

지원자격과 전형요소가 대학에서 선발 전략을 수립하는 가장 큰 요소라면, 지원율과 경쟁률은 대학에서 무시하지 못하는 요소입니다. 물론, 지원율에 따른 전형료 수입과 과열 경쟁을 유발하는 일부 전형들 때문에 언론에서 그리 유쾌하지 않은 기사들이 나올 때도 있기는 합니다. 하지만 대학의 입장에서는 많은 수험생이 지원하면 대학의 인재상에 적합한 인재를 다양하게 선발할 수 있다는 장점이 있기에 지원율을 고려한 대입전형을 설계합니다. 예전과 같이 한 줄 세우기식의 대학입시에서는 각 대학별로 지원 가능한 학생의 부류가 정해져 있고, 지원율 자체가 과도하게 발생하지 않는 경향이 있었습니다. 하지만 최근에는 시험 성적으로만 학생을 선발하지 않습니다. 학생이 지닌 장점과 특징을 바탕으로 지원 가능한 대입전형을 많이 개발하면서 지원 가능한 대학의 폭이 넓어졌습니다. 대학의 입장에서도 지원하는 수험생의 특징이 다양해졌습니다. 그러나 이런 현상이 과열되면서 일부 학생이 수시전형에 무리하게 지원하는 부작용이 생겨 수험생의 소신지원을 유도하고자 2013학년도부터는 수시모집 기회는 6회로 제한되었습니다.

대학의 입장에서는 각 전형별로 수험생이 많이 지원하여 어느 정도 경쟁률이 있는 것을 선호하기 때문에 경쟁률을 높일 수 있는 대학만의 전략을 수립하려고 합니다. 각 대학의 전년도 대학입시 결과를 분석하여 경쟁률을 높일 수 있는 전형요소를 대표 대입전형으로 설계합니다. 또 논술고사나 적성고사, 학생부 등 많이 반영하는 핵심 전형요소의 비율을 조정하기도 합니다. 대학별 고사 전형일이 경쟁 대학과 겹치지 않도록 사전 조율하기도 하며, 수능일을 기점으로 대학별 고사 전형일을 대학에 가장 유리하게 설정하여 수험생의 지원을 유도하기도 합니다.

정시모집에서는 가군, 나군, 다군 중 하나를 선정하여 수험생을 모집하는데, 이전 학년도에서는 군별 분할모집을 설정하여 수험생의 지원을 유도하고 선택의 기회를 제공하는 대학이 많았습니다. 하지만 2017학년도부터는 군별 분할모집을 전면적으로 금지되었습니다.

최근 신입생 선발 전략을 수험생의 지원을 과도하게 유도하려는 대학의 마케팅 전략으로 인식하는 것에 우려의 목소리를 제기합니다. 이런 과한 홍보와 마케팅 때문에 지원율이 높아지면 한정된 대학의 입학사정관만으로는 대학에 적합한 학생들을 선발하는 데 어려움이 있을 것입니다. 그렇다고 대학에서 우수한 수험생을 유치하려는 이런 노력과 경쟁이 모두 헛된 것은 아닙니다. 건강한 경쟁과 노력을 바탕으로 각 대학의 선발 방법과 전략이 진화하고 있습니다. 수험생의 입장에서도 지원 가능한 대학의 폭이 정해져 한 줄 세우기식으로 대학을 진입하는 것이 아닌, 각 수험생의 장점에 따른 대학을 선택할 수 있기 때문입니다. 궁극적으로 각 대학에서는 우리 대학에 적합한 인재를 선발하는 대입전형 전략을 수립하고 마케팅하면서 좋은 학생을 길러 내는 대학교육의 내실화를 다지는 것에도 힘을 써야 할 것입니다.

1 대학은 이전 학년도의 대입과 관련된 여러 결과물을 분석하여 우리 대학에 가장 적합한 인재를 선발하는 전략을 수립합니다.

2 대학은 과학적 분석 방법을 적용한 결과물로 대입전형을 기획하고, 수험생의 지원을 유도합니다.

3

대학입학전형이 3,000개라고?

포털사이트 검색창에 '대입전형' 키워드를 입력하면 "대입전형 3천여 개가 넘어"란 제목의 기사를 어렵지 않게 볼 수 있습니다. 3,000여 개라니 그 숫자만 들어도 대입전형의 어려움과 곤란함이 느껴집니다. 하지만 대입전형을 올바르게 이해한다면 3,000여 개라는 숫자의 불안감에서 벗어날 수 있습니다. 수험생 자신에게 적합한 전형에 맞춰 지원할 수도 있을 것입니다.

3,000여 개라는 숫자에 너무 겁내지 마세요. 이 숫자가 주는 감정적인 여파가 크고 자극적이기에 유행처럼 기사나 사교육 홍보글에 사용하고 있지만, 이성적으로 생각할 필요가 있습니다. 각 대학마다 정원내 전형과 정원외 전형을 모두 합하여 10~15개 정도의 전형을 운영한다고 가정해 봅시다. 이 수에 4년제 대학 개수인 200을 곱하면 대학에서는 대략 3,000개의 전형을 운영한다고 할 수 있습니다.

■ 포털사이트 검색창에서 쉽게 찾아볼 수 있는 대입전형 관련 기사 3,000여 개

고입기획 - 분당에서 고등학교 가기 내일신문 2015.07.21.
고교를 선택할 때는 3년 후 치르게 될 대입의 흐름을 읽고, 고입에서 대입까지 진학 청사진을 성공적으로 완성한 학생들은 그리 많지 않은 것이 문제다. 고교별 교육과정, 어느 전형에 경쟁력 갖출 수 있나 점검 3천개가...

전교조 여수지회 '사립외고' 여론수렴 공청회 요구 연합뉴스 2015.05.20. 네이버뉴스
이어 "3천개가 넘는 대입 전형에서 개인에게 맞는 체계적이고 전문적인 진학지도를 해야한다"며 "학생에게 맞는 정보와 전략을 제공하는 '대입정보 지원센터'와 같은 진학·입시 지도 교육기관의 설치가 필요하다"고...

[앵커&리포트] 대입전형 3천 개 육박…컨설팅 연회비 천만 원 KBS TV 2014.10.23. 네이버뉴스
<앵커 멘트> 대학별로 다른 '천차만별'의 대입 전형방식. 이 때문에 교육부는 지난해 대입전형 '간소화' 정책까지 내놨습니다. 하지만 2,800여 가지에 달하던 전형 유형이 올해는 오히려 더 늘어나 2,900가지를...

전형 3천개가 수백개되면 대입 간소화?…논란 여전 연합뉴스 2013.06.28. 네이버뉴스
흔히 대입전형수가 3천개라고 하는 것은 전형명칭이 그 정도이지 교육부의 안과 같이 전형방법으로 대입전형의 개수를 세면 이보다 더 줄어든다. 실제 대학의 평균 전형방법 수는 수시가 5.2개, 정시 2.6개로, 교육부의...

[朴정부 교육정책]3천개 이르는 대입전형 대폭 간소화 아시아경제 2013.09.19. 네이버뉴스
[편집자주] ◆대입전형 간소화=대학입학제도는 초·중등 교육현장에 미치는 영향이 크고, 학부모들의 관심도 매우 높은 교육정책이다. 따라서 ▲대학입시를 준비하는 학생과 학부모들의 부담을 최대한 줄여줘야 하고...

2014학년도 대입 전형 3천 개 육박 부산일보 2013.03.29. 네이버뉴스
이투스청솔에 따르면, 한국대학교육협의회가 제공하는 2014학년도 대입전형계획 홈페이지에 실린 215개 대학의 입시전형 수를 조사한 결과, 전체 수시모집 전형 수는 1천863개, 정시모집 전형 수는 1천38개에 달했다....

'대입 정보를 한 손에'… 무료공익 앱 '스마트배치표' 출시 일요시사 2014.11.10.
서현배 대학닷컴 발행인은 "우리 대학의 전형방식이 3천 개에 달할 정도로 복잡해 입학 정보의 격차로 인해 대학 입학에서도 차별을 받는 경우가 발생하고 있다"면서 "스마트배치표를 통해 더 많은 수험생들이...

수험생의 입장에서 이 3,000여 개의 전형을 모두 속속들이 다 파악할 필요는 없습니다. 실제로 모든 대학에서 이 대동소이한 3,000여 개의 전형을 운영한다고 할지라도 이 전형들을 그룹화하여 자신에게 필요한 전형만 선택하고 정보를 취합한다면 그리 어렵고 복잡하지 않습니다.

수시모집에서 지원 가능한 대학 개수는 최대 6개입니다. 그리고 정시모집에서는 3개까지 지원 가능합니다. 수험생에게는 대입 지원 카드가 총 9장 있는 셈입니다. 무한정 대학을 지원할 수 있는 것이 아니므로 지원하려는 대학을 선정하여 모집요강을 숙지합니다. 지원할 학년도의 모집요강을 아직 게시하지 않았다면, 전년도 모집요강을 참고하는 것도 좋

습니다. 모집요강을 열어 보면, 한 대학에서 보통 10~15개의 대입전형을 운영하고 있음을 확인할 수 있습니다. 이 부분에서 많은 학부모께서 '뭐 이렇게 전형이 많아?' 하고 놀랍니다. 일단은 놀란 마음을 가라앉히고 많은 전형 중에서 지원자격부터 확인합니다. 그런 다음 지원이 불가능한 전형은 처음부터 삭제하는 것이 좋습니다. 일반적으로 대다수 수험생은 정원외 특별전형의 지원 가능 대상자가 아닙니다. 각 대학마다 정원외 특별전형을 적게는 2~3개, 많게는 6~7개 정도 운영합니다. 정원외 특별전형은 법령으로 지원자격을 부여하여 기회를 보상하는 차원의 전형이므로 특별히 지원자격에 해당하지 않는다면 지원 가능한 전형의 범위권에서 배제하도록 합니다. 이렇게 하다 보면 많다고 생각했던 15개의 전형 중 7개는 세부적인 사항을 확인하지 않고도 삭제할 수 있습니다.

이제 남은 전형 중에서 수험생의 장점을 가장 잘 부각시킬 수 있는 전형을 찾는 숙제가 남았습니다. 하지만 이 또한 그리 어렵지 않습니다. 지원자격이 되지 않아 지원 불가능한 전형을 배제한 이후에는 전형요소를 확인하여 전형을 솎아 내는 작업을 진행해야 합니다. 수시모집에서 운영하는 대입전형의 핵심 전형요소는 학생부 위주(교과), 학생부 위주(종합), 논술, 적성, 실기로 분류할 수 있습니다. 대입을 준비하는 수험생 중에서 이 모든 것에 강점을 지닌 학생들을 찾기란 쉽지 않습니다. 하지만 누구나 자신만이 잘할 수 있는 무기가 있습니다. 그 최고의 장점을 가장 많이 반영할 수 있는 전형을 중심으로 자신이 지원 가능한 대입전형을 추려 보세요. 한 대학의 수시모집에서 지원 가능한 전형은 많아 봤자 2~3개를 넘지 않을 것입니다. 이것에 수능 위주로 운영하는 정시모집 중에서 모집 군과 수능 반영 비율을 고려하여 지원 가능한 대학의 개수를 다시 추립니다. 그러면 실질적으로 수험생이 지원 가능하고 주도면밀하게 정보를 습득해야 할 대입전형의 개수는 줄어들게 됩니다. 3,000여 개의 대입전형 바다 속에서 이 모든 전형을 파악하려는 생각은 매우 무모합니다.

대학입시라는 제도와 정보를 매일 접하고 이를 주요한 업무로 삼는 대학의 입학처나 입학본부 업무담당자들, 대입과 관련된 직종에 종사하는 사람들에게는 사실 모집요강을 보고 수험생에게 적합한 대입전형을 추리는 작업이 어렵지 않습니다. 수험생의 몇 가지 특징만 듣고도 지원 가능한 전형이 머릿속에서 좁혀지므로 어렵지 않게 대입전형을 추천할 수 있습니다. 하지만 대입을 준비하는 많은 학부모와 수험생은 그 해 모집요강을 처음 접했고, 대입 관련 제도와 용어에도 익숙지 않아서 모집요강을 열자마자 보이는 수많은 대입전형과 낯선 용어에 놀랍니다. 지원 불가능한 대입전형을 지워 나가는 작업부터 시작하여 지원 가능한 전형을 중심으로 정보들을 취합하세요. 그러면 3,000여 개라는 자극적인 숫자에 놀라 대학입학제도 자체를 불안해하고 어려워하는 우를 범하지는 않을 것입니다.

1 "대입전형 개수가 3,000여 개!"라는 소문에 불안해하지 않습니다.
2 한 대학에서 실질적으로 자신이 지원 가능한 대입전형은 2~3개 정도에 지나지 않음을 유념합니다.
3 지원하려는 대학 위주로 모집요강을 습득하여 수험생 자신이 지원 가능한 전형을 정리해 봅니다.

대학입학전형의 기본인 '틀'을 파악하라

고등학교 1~2학년과 학부모는 먼저 '대학입학전형기본사항'을 숙지하여 대입을 준비하는 것이 좋습니다. '대학입학전형기본사항'이란 대입에서 각 대학과 수험생이 준수해야 할 사항과 주요 핵심 사항을 담아 매 학년도 대학입시 전에 발행하는 책자입니다. '대학입학전형기본사항'은 2009학년도까지는 교육부가 고시했으나, 이후 대입자율화 조치에 따라 대학 간 협의체인 한국대학교육협의회에서 수립·공표하고 있습니다. 각 대학에서는 대입과 관련된 각종 사항을 진행할 때 '대학입학전형기본사항'을 준수해야 합니다.

【 관련 법령 】

<u>고등교육법 제34조의5(대학입학전형계획의 공표)</u>

① 제10조에 따른 학교협의체는 매 입학연도의 2년 전 학년도가 개시되는 날의 6개월 전까지 입학전형에 관한 기본사항(이하 "대학입학전형기본사항"이라고 한다)을 공표하여야 한다.

② 제34조제1항에 따른 대학의 장은 일반전형 및 특별전형을 공정하게 시행하고 응시생에게 입학에 대한 정보를 제공하기 위하여 매 입학연도의 전 학년도가 개시되는 날의 10개월 전까지 대학입학전형시행계획(입학전형 자료별 반영 비율을 포함한다)을 수립하여 공표하여야 한다. 이 경우 대학의 장은 대학입학전형기본사항을 준수하여야 한다.

③ 제1항 및 제2항에도 불구하고 대통령령으로 정하는 학교협의체와 대학에 대하여 대통령령으로 정하는 바에 따라 대학입학전형기본사항과 대학입학전형시행계획의 공표 시기를 달리 정할 수 있다.

④ 제1항 및 제3항에 따라 대학입학전형기본사항을 공표한 학교협의체와 제2항 및 제3항에 따라 대학입학전형시행계획을 공표한 대학의 장은 공표한 대학입학전형기본사항과 대학입학전형시행계획을 변경하여서는 아니 된다. 다만, 관계 법령의 제정·개정 등 대통령령으로 정하는 사유가 있는 경우에는 대통령령으로 정하는 바에 따라 대학입학전형기본사항이나 대학입학전형시행계획을 변경할 수 있다.

고등교육법시행령 제32조(대학입학전형기본사항의 공표 등)

① 법 제10조에 따른 학교협의체(이하 "학교협의체"라고 한다)는 법 제34조의5제1항에 따라 대학입학전형기본사항을 공표할 때에는 이를 해당 학교협의체의 인터넷 홈페이지에 게재하는 방법으로 하여야 한다.

② 법 제34조의5제4항 단서에서 "관계 법령의 제정·개정 등 대통령령으로 정하는 사유가 있는 경우"란 관계 법령의 제정·개정·폐지로 대학입학전형기본사항을 변경할 필요가 있는 경우를 말한다.

③ 학교협의체는 법 제34조의5제4항 단서에 따라 대학입학전형기본사항을 변경하려면 학교협의체의 구성원이 대표로 있는 대학(이하 "회원대학"이라고 한다)과 협의를 거쳐야 한다.

④ 학교협의체는 법 제34조의5제4항 단서에 따라 대학입학전형기본사항을 변경할 때에는 이를 학교협의체의 인터넷 홈페이지에 게재하는 방법으로 하여야 한다.

즉, '대학입학전형기본사항'은 각 대학이 인재를 선발할 수 있는 기준을 제시하는 큰 틀이라고 할 수 있습니다. 대학에서는 대학의 특징과 인재상에 따라 다양한 대입전형으로 학생을 선발하되, '대학입학전형기본사항'에서 정한 기준은 넘어설 수 없습니다. 또 각 대학은 대학 간에 대학입시를 공정하게 운영하고 불미스러운 마찰을 미연에 방지하려고 '대학입학전형기본사항'에 제시된 대입과 관련된 사항들을 준수해야 합니다.

‘대학입학전형기본사항’을 대입 지원이 임박한 고등학교 3학년 수험생이 아닌 고등학교 1~2학년 학생들과 해당 자녀를 둔 학부모에게 권한 이유는 다음과 같습니다. 2014년도 고등교육법에 대학입학 전형계획의 공표와 관련된 법령이 신설되면서 ‘대학입학전형 사전예고제’를 2016학년도부터는 시범 적용하게 되었고, 2017학년도부터는 완전 적용되었습니다. 즉, 해당 법령에 따라 한국대학교육협의회에서는 매 입학연도의 2년 전 학년도가 개시되는 날의 6개월 전까지는 ‘대학입학전형기본사항’을 공표해야 합니다. 대입과 관련된 주요 특징과 변동 사항을 요약한 ‘대학입학전형기본사항’ 책자는 매 학년도에 수립·공표하는데, 고등학교 1학년 8월 말부터는 지원해야 할 대상 학년도의 ‘대학입학전형기본사항’ 책자를 사전예고제에 따라 접할 수 있다는 것입니다. 예를 들어, 18학번이 될 학생들에게는 ‘2018학년도 대학입학전형기본사항’ 책자를 2015년 8월 말에 수립하여 발표하는 일정으로 진행합니다.

더불어 고등교육법에 의거한 대학입학전형 사전예고제에 따라 각 대학의 구체적인 대입전형계획을 담은 ‘대학입학전형시행계획’은 매 입학연도의 전 학년도가 개시되는 날의 10개월 전까지는 수립·공표해야 합니다. 예를 들어, 각 대학의 대입전형과 관련된 세부 사항을 18학번이 될 학생은 고등학교 2학년인 2016년 4월 말경에는 접할 수 있는 것입니다. 고등학교 1학년 때는 ‘대학입학전형기본사항’으로 대입의 큰 그림을 그리고 대입 준비를 합니다. 그리고 고등학교 2학년 때는 ‘대학입학전형시행계획’의 정보를 이용하여 진학할 대학의 전형을 중심으로 대입을 준비하면 됩니다. 그러면 정확하고 명확한 정보를 바탕으로 소신 있게 대입을 준비해 나갈 수 있습니다.

　대다수 학부모는 대입전형이 발표된 이후에도 많이 바뀔까 봐 크게 걱정합니다. 많은 학부모가 이미 발표한 '대학입학전형시행계획'을 자주 변경한다며 매우 불편한 심경을 드러냅니다. 하지만 이제 이런 걱정은 하지 않아도 됩니다. 2014년 신설된 고등교육법에 따라 한 번 공표한 '대학입학전형기본사항'과 '대학입학전형시행계획'은 변경할 수 없습니다. 원칙적으로 대학입학전형시행계획을 변경하는 것은 불가능하지만, 고등교육법 제33조제3항에서 정한 사유가 발생할 때는 제한적으로 변경을 허용하고 있습니다.

【 관련 법령 】

고등교육법시행령 제33조(대학입학전형시행계획의 공표 등)

① 법 제34조의5제3항에 따라 원격대학의 장은 대학입학전형시행계획을 매년 10월 31일(9월 1일에 1학기를 시작하는 대학은 4월 30일로 한다)까지 공표하여야 한다.

② 법 제34조의5제2항 및 제3항에 따라 대학의 장이 대학입학전형시행계획을 공표할 때에는 이를 해당 대학의 인터넷 홈페이지에 게재하는 방법으로 하여야 한다.

③ 법 제34조의5제4항 단서에서 "관계 법령의 제정·개정 등 대통령령으로 정하는 사유가 있는 경우"란 다음 각 호의 어느 하나에 해당하는

사유로 대학입학전형시행계획을 변경할 필요가 있는 경우를 말한다.

1. 관계 법령의 제정·개정·폐지가 있는 경우

2. 대학 구조개혁을 위한 학과 개편 및 정원 조정이 있는 경우

3. 제32조제2항 및 제3항에 따른 대학입학전형기본사항의 변경이 있는 경우

4. 법 제60조에 따른 시정 또는 변경 명령으로 학생정원 감축, 학과 폐지, 학생 모집정지 등의 행정처분이 있는 경우

5. 다른 법령에서 대학입학전형시행계획을 변경할 수 있도록 규정하고 있는 경우

④ 대학의 장은 법 제34조의5제4항 단서에 따라 대학입학전형시행계획을 변경하려면 해당 대학이 소속되어 있는 학교협의체의 승인을 받아야 한다.

⑤ 대학의 장이 법 제34조의5제4항 단서에 따라 대학입학전형시행계획을 변경할 때에는 이를 해당 학교의 인터넷 홈페이지에 게재하는 방법으로 하여야 한다.

이 고등교육법시행령에 따라 '대학입학전형시행계획'을 변경하는 경우는 주로 구조조정으로 모집인원을 변경할 때입니다. 이 경우가 변경의 대다수를 차지합니다. 구조조정이 발생하더라도 대입전형 자체를 폐지하거나 대입전형의 전형요소와 반영 비율을 변경하는 것은 허용하지 않습

니다. 모집인원을 다소 축소하거나 모집단위 통폐합에 따른 인원의 이동만 허용할 뿐 대입전형 자체의 형태를 변경하는 것은 허용하지 않고 있습니다. 그러므로 사전에 예고된 '대학입학전형시행계획'을 이용하여 대입정보를 미리 접하고 이를 바탕으로 준비한다면, 잘못된 정보로 피해를 입는 것을 미연에 방지할 수 있습니다. 학생 또한 자신의 공부 방법과 장점에 맞춰 대입을 미리 준비해 나갈 수 있을 것입니다.

■ 연도별 '대학입학전형기본사항'

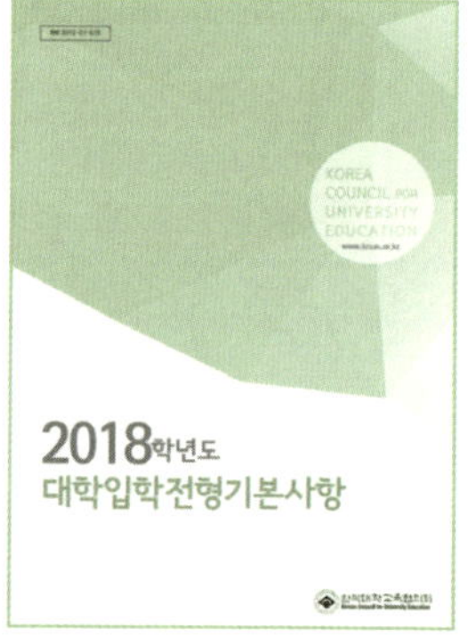

1 대입의 주요 특징과 대학 간 준수 사항을 담은 '대학입학전형기본사항' 책자는 고등학교 1학년 8월 말에 접할 수 있습니다.
2 각 대학의 구체적인 대입전형의 정보를 담은 '대학입학전형시행계획' 책자는 고등학교 2학년 4월 말경 접할 수 있습니다.
3 '대학입학전형시행계획'은 법령에 따라 쉽게 변경할 수 없으므로 사전에 정보를 미리 접하여 대입을 준비합니다.

5

전형을 쉽게 파악하는 표지판
: 대학입학전형 간소화 방안

지난 2013년 8월 교육부는 "대학입학전형 간소화 방안 및 대학입학 제도 발전방안(시안)"을 발표하였고, 2015학년도부터 적용되었습니다. 현재 대입전형은 이 대학입학전형 간소화 방안에 따라 기획·운영하고 있습니다. 이 방안에는 대학입학제도 개선 배경, 대학입학제도 개선 방향, 대입 준비 부담을 완화하는 대입전형 간소화와 대입전형의 예측 가능성 제고, 사회 통합에 기여하는 대입전형 확대를 포함하는 대입전형 개선, 학교생활기록부 반영 내실화와 대학수학능력시험 개선 및 발전 방향, 모집 시기 개선 등의 내용을 담고 있습니다. 교육부에서 2013년 8월 발표한 이후 여러 전문가와 관계자, 국민의 의견을 수렴하여 일부 내용을 수정·보완했으며, 이를 '대학입학전형기본사항'에 발표한 것입니다.

□ **대학입학전형의 간소화 추진**

○ 수험생들이 알기 쉽게 대입전형을 준비할 수 있도록 핵심 전형요소 위주로 표준화한 대입전형 체계 내에서 대입전형 간소화를 추진함

• 모집 시기(수시·정시)별 취지에 맞게 전형을 운영함

〈표준 대입전형 체계〉

구분	전형 유형	주요 전형요소
수시	학생부 위주*	• (학생부 교과) 교과 중심 • (학생부 종합) 비교과, 교과, 면접 등 (자기소개서, 추천서 활용 가능)
	논술 위주	논술 등
	실기 위주**	실기 등(특기 등 증빙 자료 활용 가능)
정시	수능 위주	수능 등
	실기 위주	실기 등(특기 등 증빙 자료 활용 가능)

* 학생부 위주 전형 유형은 학생부를 주된 전형요소로 반영하는 전형 유형으로 다음과 같이 구분됨
  • 교과전형 : 학생부 교과 성적을 중심으로 평가하는 전형(모집단위 특성에 맞도록 학생부 반영 권장)
  • 종합전형 : 입학사정관 등이 참여하여 학생부를 중심으로 자기소개서, 추천서, 면접 등을 통해 학생을 종합평가하는 전형
** 실기 위주 전형 유형에는 '특기자 전형'이 포함되나, 특기자 전형은 모집단위별 특성 등 특별한 사유가 있는 경우에 한해 제한적으로 운영하여 모집 규모를 축소할 것을 권장함
  • 외부 실적보다 학생부에 기록된 꿈과 끼를 중심으로 평가하도록 권장
  • 수시모집에서 과도하게 설정된 수능 최저학력 기준은 완화할 것을 권고함
    – 수능 최저학력 기준은 등급으로 설정

○ 전형방법 수 제한을 통해 전형 간소화를 추진함

  • 대학별로 사용하는 전형방법 수를 최대 6개 이내로 제한함(정원내 전형 기준)

    – 수시 4개, 정시 2개 이내로 전형방법 수 축소

    – 전형요소 및 반영 비율이 동일한 경우 하나의 '전형방법'으로 계산

    – 예체능 계열의 경우 최대 전형방법 수 기준(6개) 계산에서 제외하고, 사범 계열의 인·적성 검사, 종교 계열의 교리문답 등은 전형방법 수 산정 시 고려되는 전형요소에서 제외

    – '성인학습자전형'의 경우 최대 전형방법 수 기준(6개) 계산에서 제외

  • 일부 수험생의 합격을 미리 발표하여 수험생 간 혼선을 유발하는 우선 선발 및 우선 합격자 발표를 금지함

  • 전형요소의 반영 비율 등은 실제로 평가에서 적용하는 방법을 안내하여야 함

○ 학생·학부모가 대입전형을 쉽게 이해할 수 있도록 충분한 정보를 공시하여야 하며, 학생·학부모가 쉽게 접근할 수 있는 방법으로 정보를 공시하도록 함

대학입학전형 간소화 방안을 처음 발표했을 때 해당 방안을 적용·운영하는 방식에 학부모의 오해가 컸습니다. 특히, 간소화 방안에 따라서

수시모집의 전형 구분은 4개, 정시모집의 전형 구분은 2개로 운영한다고 안내된 것이 지원 횟수가 수시모집은 4회, 정시모집은 2회로 변경되었다고 오해한 것입니다. 이런 오해로 대학입학지원에 제약이 너무 심한 것이 아니냐는 불만도 속출했습니다. 대학 측에서는 전형을 기획할 때 어떻게 위주 구분을 해서 대입전형을 설계해야 할지 당황스러워했습니다. 하지만 3개 학년도 정도를 운영하면서 어느 정도 제도가 안정적으로 정착된 이후에는 대입전형의 위주로 간소하게 분류되었습니다. 간소화 방안에 대한 오해는 줄고 이해가 늘어 학부모와 수험생 모두 모집요강에서 자신에게 적합한 전형을 찾기가 쉬워졌습니다.

대학입학전형 간소화 방안을 특징별로 설명하면 다음과 같습니다.

전형방법적인 측면에서 특징은 이렇습니다. 각 모집 시기마다 핵심적으로 운영하는 전형요소를 중심으로 표준화하여 대입전형을 운영하도록 해서 학부모와 수험생의 대입전형 접근성과 이해도를 높였습니다. 즉, 대학은 수시모집에서는 학생부 위주(종합, 교과), 논술 위주, 실기 위주로 구성된 네 가지 유형을 운영하고, 정시모집에서는 수능 위주, 실기 위주로 구성된 두 가지 유형을 계획할 수 있습니다. 핵심적으로 반영되는 전형요소를 중심으로 위주 구분을 하기 때문에 수험생의 입장에서는 자신의 장점에 적합한 전형을 선택하기가 쉬워진 것입니다. 대학의 입장에서는 각 모집 시기별로 운영 가능한 전형 유형의 개수가 정해져 있기에 가급적 전형요소와 반영 비율을 동일하게 운영하여 하나의 전형방법으로 통일하여 운영하게 되었습니다. 그간 운영하던 많은 전형을 통폐합하는 과정에서 단순화했는데, 다음 예를 참고합니다.

■ 종전 전형 운영 예시(전형방법 수 : 수시 8개, 정시 5개)

구분	전형 유형	모집단위	모집 인원	선발 방법	전형방법
수시	논술 우수자	전모집단위	100	우선(60)	학생부 30+논술 70
				일반(40)	학생부 40+논술 60
	학교생활 우수자	전모집단위	200	우선(50)	①학생부 교과 100 ②서류 100
				일반(50)	①학생부 교과 100 ②서류 50+면접 50
	수학 능력 우수자	전모집단위	100	일괄합산	서류 100
	미래형 인재	전모집단위	100	단계 선발	①서류 100 ②서류 50+면접 50
	사회공헌·배려자	전모집단위	100	단계 선발	①학생부 100 ②서류 100
	예체능 우수자	예체능 계열	100	일괄합산	분야에 따라 실기·특기
수시 소계			700		
정시(가)	일반전형	연극(연기)	50	일괄합산	학생부 20+수능 20+실기 60
		연극(연출)	50	단계 선발	①수능 100 ②학생부 20+ 수능 40+실기 40
		전모집단위	100	우선(70)	수능 100
				일반(30)	학생부 30+수능 70
정시(나)	학교생활 우수자	전모집단위	100	일괄합산	서류 100
	일반전형	전모집단위	100	일괄합산	수능 100
정시(다)	일반전형	경영학부	100	일괄합산	수능 100
정시 소계			500		
합계			1,200		

■ **개선된 전형 운영 예시(전형방법 수 : 수시 4개, 정시 2개)**

구분	전형 유형	모집단위	모집인원	전형방법
수시	논술 위주 전형	전모집단위	100	학생부 30+논술 70
	학생부 위주 전형	전모집단위	일반 200 사회적 배려자 50	학생부(교과)
		전모집단위	일반 200 사회적 배려자 50	학생부(교과, 비교과), 자기소개서 등**
	실기 위주 전형	예체능 계열	100	실기(혹은 특기)평가 100
수시 소계			700	
정시(가)	실기 위주 전형	예체능 계열	100	실기(혹은 특기)평가 80+ 학생부 20
	수능 위주 전형	전모집단위	400	학생부 30+수능 70 또는 수능 100
정시 소계			500	
합계			1,200	

* (예시) 종전에 별도로 운영한 정원내 '사회적 배려 대상자 전형'의 경우 학생부 위주 전형에 포함하되 일반학생과 모집인원을 구분하고 별도 자격 기준 설정

** 입학사정관 등이 전형에 참여하여 학생부를 심층평가하는 경우 등을 포함

전형방법 수를 계수할 때 예체능 계열의 전형과 사범 계열의 인·적성 고사, 종교 계열의 교리문답 등은 전형방법 수에서 제외하여 특수 모집단위에서 탄력적 운영을 어느 정도 허용합니다.

전형요소 측면에서 특징은 이렇습니다. 대학수학능력시험을 최저학력 기준으로 활용할 때는 기준을 완화하여 적용할 것을 권고했고, 우선 선

발 방식은 금지할 것을 안내하였습니다. 과도하게 설정된 최저학력 기준 때문에 일부 대학에서 논술전형 등은 실질적으로 대학수학능력시험 점수가 합격과 불합격을 좌우한다는 오해를 학부모와 수험생에게 불러일으켰습니다. 하지만 이런 잘못된 운영 방식은 대학입학전형 간소화 방안에서는 지양하라고 권고합니다. 게다가 대학별 고사도 지양할 것을 권고하였습니다. 대학별 고사인 논술고사와 적성고사는 가급적 시행하지 않도록 하고, 학교생활기록부나 대학수학능력시험 등 대다수 학생이 준비하는 전형요소를 중심으로 대입 요소를 구성할 것을 권장하고 있습니다. 이는 과도한 사교육이 발생하지 않도록 미연에 방지하려는 것입니다.

정리

1 대학입학전형 간소화 방안으로 핵심 전형요소 위주로 대입전형을 구분한 대학 모집요강을 접하면 대입전형 특징을 빠르게 파악할 수 있습니다.
2 대학입학전형 간소화 방안을 적용하면서 많은 유사한 대학전형을 동일한 방식으로 운영하고 있습니다. 그래서 다양한 형태로 운영하던 대입전형의 개수가 많이 줄어들었습니다.

대학입학정보의 지름길, '사전예고제'가 핵심이다

학부모와 수험생은 대입을 준비하는 과정에서 최신 자료를 가장 빠르게 획득하여 전략을 수립해야 합니다. 2016학년도 이전에는 3년 전 대입과 관련된 사항은 사전예고해야 한다는 대학과 수험생 간 약속이 있었습니다. 하지만 2016학년도부터는 이 부분이 법제화되어서 꼭 지켜야 하는 필수 사항으로 정해졌습니다. 앞서 소개한 고등교육법시행령 제32조, 제33조에 따라 한국대학교육협의회 및 대학에서는 대입과 관련된 정보들을 각 시기에 맞춰 사전예고해야 합니다. 각 학년도마다 발표하는 시점을 정리하면 다음과 같습니다.

구분	2017학년도	2018학년도
대학입학전형기본사항	2014년 8월 발표 (2년 6개월 전 발표)	2014년 8월 발표 (2년 6개월 전 발표)
대학입학전형시행계획	2015년 4월 발표 (1년 10개월 전 발표)	2015년 4월 발표 (1년 10개월 전 발표)
대학별 모집요강	2016년 4월 발표 (10개월 전 발표)	2016년 4월 발표 (10개월 전 발표)

이 시점에 맞춰 대학입학전형기본사항은 한국대학교육협의회 웹사이트에, 대입과 관련된 세부적인 사항은 대학별 웹사이트에 게시합니다. 특히, 대학입학전형시행계획은 한 번 발표한 이후에는 대학의 구조조정이나 법령이 바뀌어 불가피하게 변경할 때를 제외하고는 원칙적으로 변경을 금합니다. 그러므로 최신 대입정보에 앞서 대입 전략을 수립하려는 수험생이라면 상대적으로 준비 시간을 확보할 수 있게 되었습니다. 이런 정보를 되도록 빠르게 습득하는 것은 곧 경쟁력을 확보하는 것입니다.

대학입학전형기본사항에서도 대학은 대입과 관련된 정보를 수험생에게 제공해야 할 의무가 있다고 다음과 같이 말합니다.

가. 대교협의 대학입학전형 정보의 제공

○ 대교협은 대학별 대학입학전형 주요 사항과 모집 시기별 모집요강 주요 사항 등 대학입학정보를 취합하여 국민들에게 제공하며, 각 대학은 이와 관련한 대교협 자료 제출 요청에 협조하여야 함

- 대학은 대교협 자료 제출 협조 이외에도 자체적으로 전형 유형별 지원 및 등록 현황, 모집단위(계열)별 지원 및 등록 현황, 논술고사 평가 지표 등 학생의 진학 준비에 유용한 정보들을 공개하도록 권장함

- 대학입학전형기본사항에 제시된 정보 항목뿐만 아니라 학생들의 수험 준비에 필요하다고 판단되는 기타 전형 정보는 대학별 홈페이지 등을 통해 공개하는 것을 권장함

이 대학입학전형기본사항에서 설명하는 바와 같이 대학입학처 웹사이트에 수험생이 대입 준비를 하는 데 실질적으로 필요한 정보들을 게시해야 합니다. 그러므로 수험생은 각 대학입학처 웹사이트를 자주 방문하여 가장 명확한 자료를 빠르게 습득할 필요가 있습니다. 이런 정보를 찾는 방법은 3부에서 자세히 설명합니다.

또 각 대학은 2014년도에 제정한 공교육 정상화 촉진 및 선행교육 규제에 관한 특별법에 따라 선행학습 영향평가 결과와 다음 연도 입학전형 반영계획을 각 대학별 웹사이트에 필수적으로 게시해야 합니다.

【 관련 법령 】

공교육 정상화 촉진 및 선행교육 규제에 관한 특별법 제10조(대학등의 입학전형 등)

① 대학등의 장은 「고등교육법」 등 관계 법령에 따라 입학전형에서 대학별 고사(논술 등 필답고사, 면접·구술고사, 신체검사, 실기·실험고사 및 교직적성·인성검사를 말한다)를 실시하는 경우 고등학교교육 과정의 범위와 수준을 벗어난 내용을 출제 또는 평가하여서는 아니 된다.

② 대학등의 장은 제1항의 대학별 고사를 실시한 경우 선행학습을 유발하는지에 대한 영향평가를 실시하고 그 결과를 다음 연도 입학전형에 반영하여야 한다.

③ 대학등의 장은 제2항의 영향평가 결과 및 다음 연도 입학전형에의 반영계획을 해당 대학등의 인터넷 홈페이지에 게재하여 공개하여야 한다.

선행학습 영향평가 결과와 다음 연도 반영계획을 법령으로 정하여 대학별 웹사이트에 게시하는 것은 공교육 정상화를 도모한다는 차원에서 큰 의미가 있습니다. 학부모와 수험생의 입장에서는 이 내용을 진행하는 과정에서 지난 학년도의 기출문제를 모두 대학별 웹사이트에 게시한다는 점에서도 의미가 있습니다. 즉, 학부모와 수험생은 지난 학년도의 대학별 고사 기출문제를 3월 31일이 되는 시점에 대학별 웹사이트에서 직접 확인할 수 있습니다. 그간 실질적으로 파악할 수 없었던 지난 학년도 대학별 고사의 기출문제를 직접 볼 수 있다는 것은 대입을 준비하는 수험생에게는 큰 가치가 있습니다. 대학별로 선행학습 영향평가를 진행하는 과정은 다음과 같습니다.

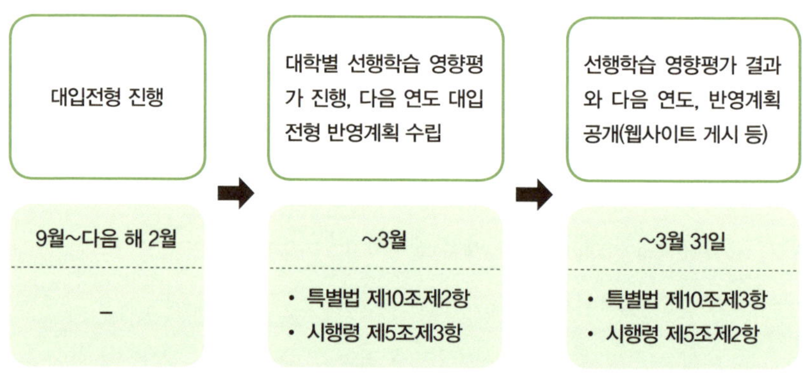

이 법령에 따라 선행학습 영향평가의 대상이 되는 대학별 고사는 논술고사 등 필답고사(적성고사 포함), 면접·구술고사, 신체검사, 실기·실험고사, 교직적성·인성검사 등입니다. 그러나 예체능 계열의 실기고사와 해외에 소재한 고등학교를 졸업한 학생들을 대상으로 하는 전형들의 대학별 고사는 대상에서 제외합니다.

인터넷에서 대입 관련 정보를 제공하는 자료들을 검색해 보면 오류가 많습니다. 법령에 따라 대학이 제시하는 명확한 대입 관련 정보들이 있음에도 일부에서 이를 가공하여 잘못된 정보를 제공하는 경우가 있습니다. 혹은, 대학이 제공한 공적인 자료인데도 절차가 복잡하여 일반 학부모와 수험생은 접하기가 어려워하는 경우도 있습니다. 대학은 대입과 관련된 정보를 법령에 따라 명확하고 정확하며 손쉽게 학부모와 수험생에게 제공해야 한다는 것을 잊지 말아야 합니다.

정리

1 대입과 관련된 최신 정보는 대학별 입학처 웹사이트에서 찾을 수 있습니다.
2 대학별 입학처 웹사이트에 접속하여 지난 학년도 대학별 고사에서 출제한 기출문제를 볼 수 있습니다.
3 인터넷에서 떠도는 잘못된 정보가 아닌 대학에서 제공하는 최신 대입정보를 기준으로 대입 전략을 수립할 필요가 있습니다.

정량평가(定量評價)로 대학에 간 학부모가
꼭 알아야 할 정성평가(定性評價)

　　입학사정관들이 평가 전반에 참여하는 학생부 위주 종합전형에서 학부모는 종종 불만을 제기합니다. 여러 스펙을 비교했을 때 분명히 우리 아이 성적이 더 우수한데도 어째서 더 성적이 부족한 아이가 선발되었냐는 것입니다. 대학의 평가를 믿을 수 없다며 울분을 토합니다. 필자는 정량적으로 평가를 받았던 세대입니다. 학부모 역시도 정량적으로 평가받아 대학을 입학했기에 정성적 평가 자체를 잘 이해하지 못합니다.

　　기존 대입전형은 정량적인 수치를 비교하는 양적 평가로 판단했습니다. 하지만 입학사정관들이 평가한 이후로는 평가의 패러다임이 변했습니다. 양적 평가가 아닌 질적 평가로 수험생을 선발하여 기계적이고 획일적인 학생 선발 방식에서 벗어났습니다. 기존 정량평가는 누구나 인정할 수 있는 분명한 기준을 제시합니다. 그러나 정성평가에서는 평가자가 학생의 특성을 종합적으로 고려하여 판단한 것을 중요한 판단 척도로 삼기 때문에 기준의 주관성을 보장합니다.

입학사정관들이 참여하는 전형이 확대되면서 서류평가, 면접평가에서는 정량평가가 아닌 정성평가가 늘었습니다. 정량화된 지표가 아닌 평가자의 주관적 판단을 평가 점수에 반영하는 것입니다. 정량평가는 동일한 잣대로 우수한 학생을 선발하지만, 정성평가는 다양한 잣대로 우수한 학생을 선발합니다. 정량평가보다는 정성평가가 학생의 다양성과 여러 환경적·인지적·정서적 변수를 더 고려할 수 있습니다. 이런 장점이 있는 정성평가이지만, 일반화하거나 객관화, 타당화하는 데는 어려움이 있습니다.

앞서 설명했듯 입학사정관들이 주도하는 평가는 질적 평가로 패러다임이 전환했다는 것을 의미합니다. 다양한 학생을 다양한 관점에서 평가해야 한다는 기본 전제를 내세운 것입니다. 다양한 학생을 다양하게 평가하는 학생부 위주 종합전형의 평가 잣대를 전형요소와 상관성이 높으면 신뢰할 수 있다고 평가하고, 낮으면 신뢰할 수 없다고 판단하기는 어려운 것입니다. 전형에 따라, 모집단위에 따라, 지원한 학생의 특성에 따라 다른 기준으로 평가받을 수 있음을 전제하는 것입니다.

예를 들어, 한 대학에서 입학사정관들이 평가를 진행한다고 합시다. 평가 기준을 '전공적합성', '자기주도성', '경험다양성', '발전가능성'으로 정했습니다. 하지만 평가자는 평가하는 모집단위와 특성에 따라 '경험다양성'을 중요하게 판단하거나 덜 중요하게 판단할 수 있습니다. 즉, 각 개인이 지원한 지원 상황에 따라 평가 기준의 강약이 달라지는 것입니다.

이런 평가의 주관성은 다양한 학생의 개인차 변인과 전공 영역, 전형 목적을 수용하려는 것입니다. 학생부 위주 종합전형에서 수행하는 주관적 평가는 평가자의 전문성에 많이 의존하므로, 이를 명료하게 설명하기 어려운 부분이 있는 것도 사실입니다. 그렇기에 학부모는 답답함을 토로하는 것입니다. 눈에 보이는 지표를 명백하게 잘 달성한 우리 아이는 떨어졌는데, 그렇지 않은 다른 아이는 대학에 합격할 수 있다는 것을 정량 세대 학부모는 이해하기가 어렵습니다. 그러나 누구나 이해하기 쉬운 단일 지표로 표현되는 정량평가로 접근하는 것은 학생부 위주 종합전형의 본질을 벗어납니다.

물론, 대학수학능력시험을 주요 전형요소로 활용하는 정시모집이나 학생부 성적을 주요 전형요소로 활용하는 수시모집은 정량평가로 접근합니다. 학생부 위주 종합전형을 지원하는 학부모와 수험생이라면 정량평가가 아닌 학생 개개인을 다양한 기준에서 선발하는 정성평가를 확실히 이해해야 합니다. 그리고 이를 바탕으로 대입 전략을 수립해야 할 것입니다.

1 정량적 평가에 익숙한 학부모는 맥락적·경험적·상황적 평가를 하는 정성적 평가를 이해해야 합니다.
2 정성평가는 각 개인은 다양한 평가 기준에 따라 평가받을 수 있다는 것을 전제로 하는 학생부 위주 종합전형의 핵심적인 평가 방법입니다.

성숙한 선택을 하는 연습이 필요하다

　수험생은 대학에 진학할 때 선택이라는 상황에 직면합니다. 대학을 선택하는 것은 수험생에게 피할 수 없는 하나의 도전입니다. 사실 수험생은 체계적이고 정확한 정보에 근거하여 대학을 선택하기보다는 소문이나 그릇된 정보, 믿기 어려운 논리에 따라 선택할 때가 많습니다. 대학을 선택할 때는 정확한 정보를 바탕으로 신중한 고민 끝에 결정해야 합니다. 각 대학의 특성을 파악하고, 전형의 내용을 고려하고, 자신의 장점과 대학이나 전형요소의 특징이 잘 맞는지 검토하여 체계적으로 접근해야 합니다.

　수험생이 대학이나 학과를 쉽게 결정하지 못하는 이유는 여러 가지가 있습니다. 첫 번째 이유는 대학 선택과 청소년기의 진학진로 결정에 인식이 부족하기 때문입니다. 학부모와 수험생은 단순히 점수에 맞는 대학을 선택한 것으로 진학 결정을 끝냈다고 생각합니다. 수험생의 대학수학능력시험 예상 점수에 맞춰 합격 가능한 대학과 학과를 결정하여 합격하는 것을 최상의 목표로 여깁니다. 이런 방법이 원칙적으로 나쁘다는 것은 아닙니다. 하지만 수험생의 적성이나 특기에 맞춰 결정하는 것이 아니라 단순히 점수에 맞춰 적합한 대학과 모집단위를 선택하면, 합격 이후 대학의 철학과 모집단위에 만족도가 낮아 대학생활에 쉽게 적응할 수 없습니다. 대개 대학 수험생이 있는 가정에서는 대학 합격에만 모든 노력을 집중해도 모자랄 판에 수험생의 적성과 흥미를 살펴서 대학을 선택할 여유까지는 없다고 말할 것입니다. 하지만, 학부모와 수험생이 소신을 갖고 대학을 결정하지 않으면 그 과정에서 진정한 만족을 얻을 수 없습니다.

두 번째 이유는 우리 사회에 팽배한 학부모의 의사 위주로 대학을 결정하는 분위기 때문입니다. 주변의 많은 학부모가 자녀의 의사보다는 자신의 가치 기준에 따라서 진로를 결정하려고 합니다. 즉, 자기 삶의 주체인 자녀의 선택에 따라 지원하지 않고 부모의 의견만 강조하여 진로를 결정하거나 대학을 선택합니다. 어떤 학자들은 부모의 이런 행동을 우리 사회만 지닌 독특한 성향, 즉 권위주의적인 양육 방식, 과보호적인 자녀 양육, 자녀에게 갖는 지나친 기대, 부모의 투사 행위 등으로 간주합니다. 자녀 스스로 진로나 대학을 결정하게 하지 않으면 결국 체계적으로 사고·고민하는 과정을 거쳐 올바른 선택을 하는 연습을 할 수 없고, 자신의 선택에 책임을 지는 연습 또한 할 수 없습니다. 이렇게 성장한 자녀는 몸만 어른이지 정신은 자라지 못한 무력한 성인이 될 수밖에 없습니다.

세 번째 이유는 수험생이 자신을 이해하고 파악할 수 있는 기회가 너무 제한되어 있기 때문입니다. 현재 자신이 어떤 상태에 있는지, 어떤 것을 잘하고 좋아하는지, 앞으로 어떤 것을 잘 해낼 수 있는지 파악할 수 있어야 올바른 결정을 내릴 수 있습니다. 자신이 추구하는 가치관, 흥미, 성격, 적성, 지능, 신체적 조건, 가정환경 등을 정확히 파악하는 과정을 대학과 학과를 선택하기에 앞서 선행해야 할 것입니다. 이런 기록을 시계열로 모아서 체계적인 정보로 관리한다면, 수험생은 단순히 대학수학능력시험 성적에만 의존하여 대학을 결정하거나 진로를 선택하지는 않을 것입니다.

네 번째 이유는 상급학교 진학이나 직업을 선택할 때 진학하려는 학교와 관련된 정보가 매우 빈약하고 그 방법이 다양하지 못하기 때문입니다. 대학 정보들은 해당 대학 웹사이트나 입학처 홍보 자료, 대학알리미 등에서 제공합니다. 하지만 이런 정보를 찾는 경로는 잘 알려져 있지 않습니다. 수험생의 입장에서 직업 세계를 이해할 수 있는 정보를 찾는 방법은 매우 부족하기에 추상적인 이미지로만 직업을 가정할 뿐입니다. 즉, 대학 결정과 직업 세계를 소개한 정보가 빈약하고, 공개된 자료마저도 매력이 없어 수험생이 관심을 갖기에는 부족하지 않나 하는 생각이 듭니다. 각종 대학과 직업 세계 정보를 수집·분석·가공·제공하는 등의 절차를 제대로 운영하지 않고 있어 매우 안타깝습니다.

수험생은 성인으로 접어드는 시기에 대학을 선택하여 지원합니다. 성인이라면 마땅히 자신이 선택한 결정들에 책임을 지는 연습을 해야 합니다. 책임을 지려면 당연히 선택의 과정에서 많은 고려와 고민이 필요합니다. 그럼에도 일부 수험생은 대학에 원서접수를 조정할 수 없는 시기나 이미 대학입시가 모두 끝난 시기에 결정을 번복할 수 있는 기회를 달라고 하며, 심지어 자신의 합격 사실을 취소하여 달라는 무리한 요구를 합니다. 이는 많은 고민 끝에 결정을 하지 않아서 일어난 것입니다.

이미 여러 번 강조했듯이 정확하고 명확한 정보를 습득한 후 수험생과 학부모, 진학 담당 교사는 깊은 토론과 고민의 시간을 거쳐 대학을 결정하고 지원해야 합니다. 또 대입과 관련된 규칙들도 반드시 사전에 파악하여 대학에 지원하기를 권합니다. 이렇게 할 때 선택과 이에 따르는 책임을 연습할 수 있고, 진정한 사회 구성원이자 건강한 성인으로 성장할 수 있을 것입니다.

1 선택과 책임의 과정은 수험생이 어른으로 자라나는 연습입니다. 이 연습은 대학과 학과를 선택하는 과정에도 들어 있습니다.

2 각 대학별 모집요강과 대학입학전형기본사항에서는 수험생이 마땅히 지켜야 할 규칙들과 유의 사항을 상세히 안내합니다. 지원자격이나 전형요소 못지않게 중요한 부분이므로 반드시 숙지할 것을 권장합니다.

교육제도가 바뀌어도 흔들리지 않는 대학 선택의 모든 것

2부

정원내 전형 :
대학이 정한
선발인원

한눈에 알아보는 대학입학제도의 변천사

우리나라 대학입학제도는 1945년 해방 이후 여러 차례 변천했으며, 그 과정에서 사회적으로 많은 관심을 받았습니다. 안타깝게도 대학입학제도는 고등교육기관인 대학 이념과 성격의 변화에 따라 바뀐 것이 아닙니다. 수요과다로 빚어진 과열 경쟁이 야기한 교육문제나 사회문제를 해결하려고 빈번하게 변화되어 왔습니다.

그 과정에서 대학입시를 국가가 관리하느냐, 대학이 자체적으로 관리하느냐, 둘 모두에서 공동으로 관리하느냐에 따라 제도를 관리하는 주관기관이 바뀌기도 했고, 전형요소를 주로 구성하는 평가 방법이 바뀌기도 했습니다. 대학의 선발권과 자율성을 강조하던 시기에는 '대학별 단독시험제'를 채택하여 실시했고, 대학입시제도가 갖는 사회적 기능과 공공성을 강조하던 시기에는 '국가고사제'를 채택하여 실시했습니다. 그리고 이 두 가지 기능의 조화를 모색하던 시기에는 '대학별 단독시험제와 국가고사제의 병행제'를 채택하여 실시했습니다. 전형요소의 변화 측면에서는 1945년 대학별 단독시험제를 시발점으로 하여 현재는 대학에서 주도하여 실시하는 학생부 위주 전형과 국가에서 주도하여 실시하는 대학수학능력시험을 병행하여 채택하고 있습니다.

여기서는 대학입학제도와 평가 방법이 어떻게 변화하여 왔는지 정리하고, 시기별로 나타난 특징과 문제점을 살펴봅니다(058~063쪽 참고).

시기별로 정리한 대학입학제도 변천 과정을 살펴보면, 현재까지 대입과 관련된 큰 틀이 수차례 변화되어 왔습니다. 또 세부 사항들도 매년 조금씩 바뀌고 있어 학부모와 수험생의 입장에서는 너무 자주 변한다는 불만이 생깁니다. 이런 불만과 민원이 발생하지 않도록 교육부와 대학에서는 대입전형을 안정적으로 운영하려고 노력합니다. 그러나 대학입학제도를 운영하는 주최인 학부모와 수험생의 입장에서는 작은 변화라 할지라도 결과에 큰 영향력을 미칠 수 있기에 교육부와 대학의 이런 노력이 여전히 미진하게 느껴집니다. 최근 대학입학제도의 움직임을 보면 안정화를 꾸준히 추구하고 있습니다. 큰 변화를 자주 시도하여 학부모와 수험생의 불안감을 유발하기보다는 잘못된 문제점들을 고쳐 가면서 대학입학제도를 안정적으로 운영하여 예측성 높은 대학입학제도로 안착되기를 바랍니다.

■ 우리나라 대학입학제도의 변천 과정과 이에 따른 문제점

연도	전형방법	입시 관리	주요 내용	문제점
1945~ 1953년	대학별 단독시험제	국가 관리	• 대학별 선발시험 실시 • 대학 간에 협정을 맺어 시험 시기를 전·후기로 구분 • 필수 4과목, 선택 1과목 • 선지원	• 대학의 중요성이 부각되지 않음 • 대학 지원자 수 　– 초기 : 부족 　– 후기 : 정원 초과(대학의 자율성을 악용) • 대학생의 병역 특전에 따른 부정 입학
1954년	대학입학 국가연합고사 대학별 본고사	국가·대학 공동 관리	• 국가연합고사 합격 후 대학별 본고사 총점에 의거 • 국가연합고사 　– 대학입학자 선발고사위원회 주관 　– 필수 4과목, 선택 1과목 • 대학별 본고사 　– 각 대학에서 주관 　– 필수 3과목, 선택 1과목 • 선시험	• 대학을 징집 유보의 수단으로 이용 • 대학의 재정난을 해결하려고 자격 미달 대학생 양산 • 이중시험으로 학생들의 부담 가중, 불합격자의 입학 기회 박탈 → 국민의 균등한 교육권리 침해 • 여자와 제대군인의 연합고사 면제 혜택으로 형평성 저해 • 시험문제 유출, 시험 관리의 미숙
1955~ 1961년	대학별 단독시험제, 무시험(내신제)	대학 관리	• 대학별 고사, 고교내신 성적, 신체검사, 면접, 대학진학적성검사 • 입학정원의 10% 내신 성적으로 무시험 전형 • 1955~1957년 : 필수 4과목, 선택 1과목 • 1958~1961년 : 필수 3과목, 선택 1과목 • 선지원	• 무시험 전형 실시로 대학 간의 학력 격차 유발 • 대학교의 정원외 초과 모집으로 대학생의 질적 저하 • 특정 과목의 시험으로 고교교육의 비정상화 초래

연도	전형방법	입시 관리	주요 내용	문제점
1962~1963년	대학입학자격 국가고사제	국가 관리	• 1962년 　– 국가자격고사, 대학별 실기고사, 신체검사, 면접, 기타 간이검사 　– 필수 6과목, 선택 1과목 • 1963년 　– 국가자격고사는 대학입학자격 여부만 결정 　– 필수 6과목 • 선시험	• 특별전형과 일반전형의 실시로 합격률의 격차 심화 • 탈락자의 증가로 교육 기회의 제한 • 각 대학의 특성 부각 미비 • 학과별 선발의 합격선에 따라 입학자의 기복 심화 • 실업계의 진학 특혜로 실업계 교육의 질이 저하 • 정원 미달 학교의 다수 등장
1964~1968년	대학별 단독시험제	대학 관리	• 대학별 선발시험, 신체검사, 면접, 고교내신 성적, 진학적성검사 • 시험 시기의 전·후기를 총장의 재량에 따라 실시 • 필수 과목은 자율 결정, 선택 1과목 • 선지원	• 대학입시 과목의 잦은 변경으로 대학입시 준비에 혼선 초래 • 고교교육의 비정상화 초래 : 대학입시 과목 위주의 교육 초래 • 대학입학제도의 관리 문제 • 사립대학들의 정원외 초과 모집 • 고등실업자 양산의 문제 • 일류대학의 집중 현상 : 대학입시의 공공성 문제 제기
1969~1980년	대학입학 예비고사, 대학별 본고사	국가·대학 공동 관리	• 1969~1972년 : 예비고사 합격자에게만 본고사 응시 • 1973~1980년 : 예비고사 성적 대학별 전형 30% 반영 • 필수 6과목, 선택 과목은 제2외국어 추가 • 선시험	• 예비고사와 본고사 실시로 학생들의 부담 가중 • 예비고사 성적 반영으로 대학 지원의 시간적·경제적 낭비 초래 • 객관식 출제로 고교교육의 비정상화 초래 : 준비 위주의 교육 풍토 초래 • 재수생의 누적 현상

(계속)

연도	전형방법	입시 관리	주요 내용	문제점
1981년	대학입학 예비고사, 고교내신 성적	국가 관리	• 예비고사 성적 50% 이상과 고교내신 성적 20% 이상 반영, 나머지 30%는 자율적으로 반영 • 공통 필수 7과목, 선택 2과목 • 선시험	• 선시험–후지원의 지원 방식으로 정원 미달, 과열 경쟁 • 대학정원의 확대와 졸업정원 실시로 혼란이 가중 • 고교내신 성적에 불신 증가 • 대학의 학생 선발에 자율성 제한 : 학생의 전인적인 평가 미흡
1982~ 1985년	대학입학 학력고사, 고교내신 성적	국가 관리	• 학력고사 성적 50% 이상과 고교내신 성적 20% 이상 반영 • 1982~1983년 : 학력고사 과목 수 14개 • 1984년 : 학력고사 과목 수 15개 • 1985년 : 학력고사 과목 수 인문계 16개, 자연계 15개 • 선시험	• 대학의 자율성 위축, 대학교육의 특성 무시 • 눈치작전과 배짱 지원의 비교육적인 현상 증가 • 고차원적인 사고 능력평가 미흡 • 학력고사의 난이도 조정 미흡, 고교내신 성적의 불신 증가
1986~ 1987년	대학입학 학력고사, 고교내신 성적, 논술고사	국가 관리	• 학력고사 50% 이상, 고교내신 성적 30% 이상, 논술고사 10% 이내 • 1986년 : 인문계 17개, 자연계 16개 • 1987년 : 필수 5과목, 선택 4과목 • 선시험	• 논술고사의 기능 미흡 • 고득점자의 증가로 지원 경향의 예측 불가능 : 눈치작전이 성행 • 대학 진학과 대학의 특성화 저해 • 고교내신 성적 반영률의 확대로 고교에서 경쟁의식 팽배 • 대학 학과의 서열화

연도	전형방법	입시 관리	주요 내용	문제점
1988~ 1993년	대학입학 학력고사, 고교내신 성적, 면접	국가 관리	• 학력고사 주관식 문항 30% 출제 • 면접고사 점수화와 과목별 가중치 부여 • 필수 5과목, 선택 4과목 • 선지원	• 주관식 출제로 학생들의 부담과 혼란 가중 • 선지원–후시험으로 학력 우수자의 탈락 증가 • 학생들의 대학 정보 부족으로 혼란 가중 • 암기 위주, 대학입시 위주의 교육 성행 : 중등교육 의 본질 추구 실패
1994~ 1996년	대학수학 능력시험, 고교내신 성적, 대학별고사	국가·대학 공동 관리	• 전형 자료의 다양화 • 언어 영역, 수리·탐구 영역, 외국어 영역으로 분리 • 객관식 5지 선다형 • 대학입시 일자가 다른 대학에 복수지원 가능 • 선시험	• 학생들의 시험 부담 가중 • 고교내신 성적의 환산 총점 산출로 성적 간에 불일치 초래 : 석차 산출의 모순 • 내신제도의 상대적 평가와 총점 서열에 따라 합격자 선발의 문제점 제기 : 고교교육의 비정상화
1997~ 2001년	대학수학 능력시험, 학교생활기록부, 대학별고사	국가·대학 공동 관리	• 일반전형과 특별전형으로 나눔 • 학교생활기록부 활용으로 다양한 자질평가 • 대학수학능력시험의 통합 결과적인 문제 출제 • 선시험	• 대학수학능력시험의 검사 성격이 미비 : 난이도 조정 실패, 변별력 상실 • 학교 현장에 혼란 가중 : 대학수학능력시험의 성적 등급화로 대학 간 또는 학과 간 서열화 조장, 성적 을 부풀리는 문제 야기 • 학교생활기록부의 객관성과 공정성 문제 제기 • 고등학교 간의 학력 격차 증가

(계속)

연도	전형방법	입시 관리	주요 내용	문제점
2002~ 2006년	대학수학 능력시험, 학교생활기록부, 비교과 주요 자료, 대학별고사	국가·대학 공동 관리	• 성적 비중을 대폭 축소하고 특기, 활동, 품성 등 다양화 • 무시험 전형의 증가, 특별전형의 확대 • 자기소개서, 추천서, 학업계획서 등 다양한 기록 사용 • 선시험	• 대학수학능력시험 성격의 불분명 • 대학수학능력시험 난이도 조정 실패와 변별력 상실 문제 • 대학수학능력시험의 출제 방식과 본래 취지 약화 • 등급제(9등급) 근거가 부족 : 같은 등급 내의 성적 격차가 심함 • 대학수학능력시험의 일회적 평가 여부 • 대학수학능력시험의 타당도와 신뢰도에 연구 부족 • 총점을 산출하지 않는 취지로 제도적 허점 • 성적 등급화로 대학 간 또는 학과 간 서열화 조장 • 학교생활기록부 내용의 객관성과 공정성 문제 • 학교생활기록부의 교과 성적 산출로 고등학교 간의 학력 격차 대두 • 면접의 타당성 확보와 객관적 평가의 준비 미흡 • 추천 기관이나 추천자의 객관적이고 공정한 추천의 자세 미비 • 추천 기관이나 추천자의 평가 미흡 • 자기소개서, 학업계획서의 대필 문제

연도	전형방법	입시 관리	주요 내용	문제점
2007~2012년	대학수학능력시험, 학교생활기록부, 입학사정관 전형 자료, 대학별 고사	국가·대학 공동 관리	• 입학사정관제의 도입 • 대학의 건학 이념 또는 철학에 따라 수험생을 선발할 수 있는 입학사정관제 도입	• 계속적으로 제기된 대학수학능력시험과 관련된 문제점이 개선되지 않음 • 계속적으로 제기된 학교생활기록부와 관련된 문제점이 개선되지 않음 • 입학사정관 관련 평가의 타당성 확보와 객관적 평가에 논란 제기 • 추천서 작성 관련 민원 제기 • 자기소개서, 학업계획서의 대필 문제
2013년 ~ 현재	대학수학능력시험, 학교생활기록부, 학생부(종합) 전형 자료, 대학별 고사	국가·대학 공동 관리	• 대학입학전형 간소화 방안 도입 • 수시모집 4개(학생부 위주(교과), 학생부 위주(종합), 논술 위주, 실기 위주), 정시모집 2개(수능 위주, 실기 위주)의 전형 위주로 구분하여 대입전형 운영 • 입학사정관전형이 학생부 위주(종합) 전형으로 변경 • 대학수학능력시험의 선택형, 수준별 시험을 도입했으나, 점차 폐지	• 계속적으로 제기된 대학수학능력시험과 관련된 문제점이 개선되지 않음 • 계속적으로 제기된 학교생활기록부와 관련된 문제점이 개선되지 않음 • 대학입학전형 간소화 방안의 홍보 부족으로 학부모와 수험생, 진학지도 교사의 오해 발생 • 추천서 작성 관련 민원 제기 • 자기소개서, 학업계획서의 대필 문제

고사장 : 확인! 또 확인! 다시 한 번 확인하라

　대학별로 치르는 논술이나 면접을 준비할 때 반드시 확인해야 할 사항들이 있습니다. 적지 않은 수험생이 실수하는 것 중 하나는 바로 고사장을 잘못 찾아가는 것입니다.

　캠퍼스를 복수 캠퍼스로 분리하여 운영하는 대학들이 있습니다. 예를 들어, 수험생이 많이 선호하는 대학 중 하나인 성균관대학교는 인문사회과학부 캠퍼스는 서울 명륜동에, 자연과학부 캠퍼스는 수원에 위치합니다. 이 두 캠퍼스는 본교와 분교 개념이 아니라 캠퍼스만 이원화한 것입니다. 대학은 수험생이 지원한 학과가 속한 캠퍼스에 고사장을 배치하지 않는 경우도 있기 때문에 수험생은 자신이 지원한 학과 계열이 위치한 캠퍼스가 아닌 대학이 별도로 지정한 고사장에서 시험을 응시해야 합니다. 가령 인문사회과학부 계열을 지원한 수험생은 당연히 명륜동 캠퍼스에서 대학별 고사를 치른다고 여겨 명륜동 캠퍼스를 찾아갑니다. 하지만 실제 수험표와 수험생 유의 사항을 살펴보면, 수원 캠퍼스에서 대학별 고사를 치를 때도 종종 있습니다. 또 지방이나 해외에서 거주하는 일부 수험생은 지하철 노선도의 1호선 성균관대 역이름만 보고 무작정 지하철을 탈 때가 많아 고사장을 찾지 못해 당황하는 사례도 있습니다. 이런 당황스런 상황과 맞닥뜨리지 않으려면 수험생은 대학별 고사를 치르러 가기 전에 자신이 시험을 응시하는 고사장이나 대기실을 반드시 확인하고 또 확인해야 합니다.

또 대학 안에서 고사장을 운영하지 않고 대학 주변에 있는 고등학교나 공공기관을 빌려서 대학별 고사를 치르는 대학도 상당히 많습니다. 수험생은 대학별 고사일에 무작정 대학을 찾아갈 것이 아니라 자신이 어디에서 시험을 응시해야 하는지 사전에 꼼꼼히 체크해야 할 것입니다. 요즘에는 포털사이트에서 자신이 위치한 곳과 가야 할 곳을 설정하면 찾아가는 차편이나 이동 시간을 대략적으로 알려 주는 서비스를 많이 제공합니다. 따라서 시험을 응시하기 전에 미리 이동 시간과 빠르게 찾아갈 수 있는 교통편 등을 찾아볼 것을 권장합니다.

대학별 고사에 임하기 전에 확인해야 할 것이 비단 고사장 위치만은 아니겠지요? 대학별 고사를 시작하는 시간, 소지할 수 있는 소지품과 각종 유의 사항 등은 수험생이 시험을 준비할 때 반드시 확인해야 하는 사항입니다. 허둥지둥 준비하다 급한 마음에 놓치지 말고 차근히 준비된 자세로 대학별 고사와 대입에 임하기 바랍니다.

일반전형 : 말 그대로 '일반전형'

2.1 전형의 원칙 소개

■ 관련 법령

[고등교육법]

제34조(학생의 선발 방법) ① 대학(산업대학·교육대학·전문대학 및 원격대학을 포함하며, 대학원대학은 제외한다)의 장은 제33조제1항에 따른 자격이 있는 사람 중에서 일반전형(一般銓衡)이나 특별전형에 의하여 입학을 허가할 학생을 선발한다.

② 제1항에 따른 일반전형이나 특별전형의 방법과 학생 선발 일정 및 그 운영에 필요한 사항은 대통령령으로 정한다.

[고등교육법시행령]

제34조(입학전형의 구분) ① 법 제34조에 따른 일반전형은 일반학생을 대상으로 보편적인 교육적 기준에 따라 학생을 선발하는 전형으로서 대학(원격대학은 제외한다. 이하 이 조에서 같다)의 교육 목적에 적합한 입학전형의 기준 및 방법에 따라 공정한 경쟁에 의하여 공개적으로 시행되어야 한다.

■ 대학입학전형기본사항

[일반전형의 기본사항]

가. 전형 원칙(「고등교육법」 제34조 및 「동법 시행령」 제34조제1항)

○ 일반전형은 일반학생을 대상으로 보편적인 교육적 기준에 따라 학생을 선발하는 전형으로서 대학의 교육 목적에 적합한 입학전형의 기준 및 방법에 따라 공정한 경쟁에 의하여 공개적으로 시행함

○ 적법성·타당성·신뢰성·공정성·공공성의 원칙에 따라 전형 대상·지원자격 기준·전형 기준과 사정 모형 등의 전형방법을 결정함

○ 교육 목적에 비추어 균등한 교육 기회를 침해하는 부적절한 기준(종교·성별·재산·장애·연령·졸업년도 등)에 의해 자격을 설정하거나 제한할 수 없음

○ 대학은 전형 원칙을 정할 때 고교교육 과정의 활성화와 사교육비 절
감 측면을 고려하여야 함

나. 모집단위 및 모집인원(「고등교육법시행령」 제28조)

○ 모집단위의 설정은 「고등교육법시행령」의 규정을 위반하지 않는 범
위 내에서 대학이 자율적으로 결정함

• 실제 학생을 선발하는 모집단위와 학칙의 모집단위를 동일하게 설
정함

○ 모집단위별 모집인원은 사전에 확정된 인원을 대상으로 원서접수 개
시일 전에 신입생 모집요강과 함께 일간신문 또는 학교 홈페이지 등
에 사전 공고 후 공개 모집함

다. 사정 모형

○ 모집단위별 사정 원칙과 모형은 모집단위의 특성에 맞게 대학에서
자율적으로 결정함

○ 전형요소의 반영 점수는 최저점과 최고점 등을 원서접수 전에 안내
하여야 함(단, 입학사정관이 평가하는 학생부 종합전형은 예외)

■ 전형의 소개

이제 각 전형의 특징을 구체적으로 살펴봅니다. 대학에서는 크게 두

가지 분류에 따라 신입생을 선발합니다. 고등교육법과 동법 시행령에서 규정하는 '일반전형'과 '특별전형'이 그것입니다. 이번 장에서는 보편적인 교육 기준에 따라 학생을 선발하는' 일반전형을 알아봅니다.

대학입학전형기본사항에서는 '일반전형에 대하여 적법성·타당성·신뢰성·공정성·공공성의 원칙에 따라 전형 대상·지원자격 기준·전형 기준과 사정 모형 등의 전형방법을 결정해야 하고, 교육 목적에 비추어 균등한 교육 기회를 침해하는 부적절한 기준(종교·성별·재산·장애·연령·졸업년도 등)에 의해 자격을 설정하거나 제한할 수 없다'고 안내합니다. 또 대학에서는 일반전형을 설계할 때 고교교육 과정의 활성화와 사교육비 절감 측면을 고려해야 한다고 명시합니다. 이런 의미에서 일반전형의 가장 큰 특징은 '형평성'입니다. 즉, 일반전형은 차별 없이 모든 수험생에게 기회를 부여하는 것을 원칙으로 한다고 할 수 있습니다.

특별전형은 차등적 보상 원칙에 따라 소외 지역이나 소외 계층, 기타 사회적 배려가 필요한 자에게 기회를 보전하거나 특별한 특기나 재능, 능력을 지닌 수험생에게 지원을 허용하는 전형입니다. 반면에 일반전형은 일반적으로 고등학교를 졸업하거나 고등학교 졸업과 동등한 학력을 지닌 자, 즉 누구에게나 기회를 제공하는 전형입니다. 단, 학생부를 중심으로 평가하는 수시모집은 전형요소에 해당하는 국내 고등학교 학생부 자격을 지니지 못한 일부 수험생, 검정고시 출신자, 외국고교 출신자, 졸업년도가 오래된 수험생에게는 기회를 제한하기도 합니다. 하지만 대학수학능력시험을 중심으로 평가하는 정시모집은 모집하는 당해 연도 대학수학능력시험에 응시한 자에게는 모두 지원을 허용합니다.

보편적 기준에 따라 수험생을 선발하기 때문에 법령에서 규정했듯이 일반전형에서는 '공정성'을 가장 강조합니다. 즉, 모든 수험생에게 동일한 기회를 제공하고, 모든 수험생이 가장 보편적으로 적용할 수 있는 전형요소를 활용하여 수험생을 선발하는 전형입니다. 모든 수험생이 가장 보편적으로 습득할 수 있는 전형요소를 활용해야 하는 것을 전제로 합니다. 주요 전형요소로 학교생활의 성실도와 학업의 수월함을 가늠할 수 있는 학생부, 대학에 진학해서 학업 능력을 타진하여 볼 수 있는 대학수학능력시험이나 대학에서 개발한 별도의 시험을 치르는 대학별 고사를 사용합니다. 이런 전형요소를 활용하여 분별된 수험생의 총점을 비교한 결과가 공정하고 누구나 인정 가능하며, 타당하다고 생각하는 방식에 따라 수험생을 선발하는 것이 일반전형입니다. 즉, 일반전형은 형평성 있는 기회와 공정한 선발 방식을 보장해야 하는 전형이라고 할 수 있습니다.

2.2 대학별 전형의 특징

일반전형은 모집 시기에 따라 수시모집, 정시모집, 추가모집으로 나눕니다. 수시모집은 수시 1학기와 수시 2학기로 구분해서 운영하기도 했습니다. 하지만 고등학교 3학년이 된 지 얼마 되지 않은 시기에 대학에 합격한 수험생 때문에 파행적으로 교과 과정을 운영한다는 비판이 일자, 2010학년도부터 수시 1학기는 완전히 폐지되었습니다. 일반적으로 수시모집은 학생부를 전형요소로 활용하는 대학의 비중이 더 큽니다. 그리고 정시모집은 대학수학능력시험을 전형요소로 활용하는 대학의 비중이 더 큽니다.

수시모집의 일반전형은 대개 학생부 위주(교과), 학생부 위주(종합), 논술 위주 전형들로 운영합니다. 학생부 위주(교과) 전형은 학교생활기록부 교과 성적을 중심으로 선발하는 전형을 의미합니다. 학교생활기록부는 일반적으로 고등학교를 졸업한 대다수 수험생을 평가하는 대학입시 요소의 일종으로, 고교 시절 중 학업 성취도, 고교 시절 중 학교 충실도, 리더십 활동과 봉사 활동 등을 확인할 수 있습니다. 대학수학능력시험은 전국 수험생을 대상으로 동일한 일정에 동일한 시험문제로 평가합니다. 반면에 학교생활기록부는 학교에 따라 차이를 보이기에 학교생활기록부에 기재된 내용은 전국 고등학교를 대상으로 한 표준화된 평가 요소라고 할 수 없습니다. 이런 고등학교별 차이와 관계없이 학생부 위주(교과) 전형들은 수험생이 고등학교에서 얼마나 성실히 학업을 이수했는지에 비중을 두고 평가합니다. 학교생활기록부 위주의 전형은 고등학교를 정상적으로 졸업한 학생이라면 특별한 교외 활동이나 부가적인 특별 활동을 수행하지 않아도 모두 갖출 수 있는 평가 요소입니다. 그리고 학교생활의 충실도나 성실함이 주요 평가 대상이기에 고교교육 정상화에도 크게 부응하는 측면이 있습니다.

수시모집의 일반전형 중 학생부 위주(종합) 전형은 이전에 운영하던 입학사정관전형의 일종이라고 할 수 있습니다. 전임 입학사정관과 교수 입학사정관이 참여하여 수험생이 제출한 학교생활기록부의 내용 중 교과와 비교과를 중심으로 추가적인 서류, 자기소개서, 추천서 등을 정성적·

종합적으로 평가합니다. 그런 다음 이를 직접 확인하는 면접 등을 실시하여 학생을 선발하는 전형입니다. 2007학년도에 입학사정관제를 시범 적용한 이후로 해당 전형을 지속적으로 연구하고 발전시켰습니다. 요즘에는 학생부 위주(종합) 전형을 각 대학별 특징과 학생 선발 철학이 담긴 간판 전형으로 운영하는 사례가 많습니다. 즉, 학생부 위주(종합) 전형은 모든 대학이 동일한 잣대로 신입생을 선발하는 서열적인 평가에서 벗어나 대학별 특징과 선발 원칙에 따라 수험생의 다양한 재능과 적성을 판단하여 선발합니다.

수시모집의 일반전형 중 논술 위주 전형은 서울 소재의 주요 대학권에서 주로 활용하는 전형요소 중 하나입니다. 이전 학년도에서는 일부 대학의 논술 위주 전형이 무리하게 높은 수능최저학력 기준을 우선 선발과 일반 선발 기준으로 적용하는 바람에 수험생에게는 감정적으로 수능 위주의 전형으로 느껴졌습니다. 이에 실질적으로 적용되는 전형요소와 명목적으로 기술되는 전형요소가 불일치하는 것이 아니냐는 민원이 많이 제기되었습니다. 그래서 최근 학년도의 대학입학전형기본사항에서는 우선 선발을 지양하고 무리하게 높은 수능최저학력 기준을 적용하지 않도록 명시하고 있습니다. 논술 위주 전형은 학교생활기록부의 고등학교 내신 성적과는 별개로 논술고사 성적을 가장 중요한 전형요소로 활용합니다. 이 때문에 내신이 불리한 특목고나 일부 지역의 특정 고등학교 학생들이 주로 선호합니다. 그리고 자신의 학교생활기록부 성적으로는 불가능하지만 짧은 시간 안에 최고의 결과를 얻으려는 학생들이 역전의 기회로 활용하기도 합니다.

이 전형은 또한 일반적으로 고등학교를 졸업하지 않은 수험생, 즉 검정고시 출신자, 고등학교 동등 학력자 등이 학교생활기록부 없이도 지원할 수 있는 전형입니다. 이처럼 많은 수험생이 여러 이유로 논술 위주 전형을 고려합니다. 대학입학전형 간소화 방안에 따라 기존에 논술 위주 전형을 실시하는 대학들이 선발인원을 다소 축소했습니다. 하지만 수험생이 선호하는 인기 대학에서는 학생부 위주(종합) 전형처럼 많은 시간과 노력을 들이지 않고도 대학별 고사라는 공정성이 확보된 시험으로 우수한 학생을 선발할 수 있는 전형이기에 많은 대학에서 운영하고 있습니다. 이런저런 이유로 논술전형은 수험생의 입장에서도 인기가 많은 핵심 전형이라고 할 수 있습니다.

대학입학전형 간소화 방안을 적용하지 않은 이전 학년도에서는 면접이나 적성고사를 중심으로 대학전형을 운영하는 대학이 있었고, 이에 맞춰 수험생 또한 준비해 왔습니다. 그러나 대학입학전형 간소화 방안을 적용한 후에는 위주의 전형을 허용하지 않아서 면접을 중심으로 선발하던 전형은 주로 면접 비중을 50% 이하로 줄여 학생부 위주(종합) 전형으로 바꿔 운영합니다. 적성고사를 실시하는 많은 대학에서도 해당 전형을 전면 폐지하거나 폐지가 어려울 때는 적성고사의 비중을 50% 이하로 줄여 다른 전형요소와 함께 운영함으로써 대학입학전형 간소화 방안에 속한 전형으로 운영합니다(대학입학전형 간소화 방안에서 제시된 전형들을 구분한 위주 구분 표 참고).

정시모집에서 운영하던 일반전형의 양상은 매우 단순합니다. 정시모집에서 운영하는 대다수 전형은 대학수학능력시험 점수를 전형요소로 활용합니다. 학교생활기록부를 활용하는 전형도 일부 있기는 하지만, 정시 모집에서는 대부분 대학수학능력시험을 전형요소로 활용합니다. 물론, 대학마다 대학수학능력시험을 활용하여 학생을 선발하기는 합니다. 그러나 이를 반영하는 방법은 다르므로 수험생은 자신에게 가장 유리한 평가 방법을 반드시 확인한 후 대학에 지원해야 합니다. 이전 학년도에서는 정시모집에서 분할모집을 허용했습니다. 이를 잘 활용한 수험생은 전략적으로 자신이 꼭 가고 싶은 대학에서 각 군별로 배치한 학과마다 지원하여 특정 대학의 합격을 노린 사례도 있었습니다. 하지만 학부모와 수험생이 이를 악용할 수 있다는 민원이 제기되었고, 이후 대학입학전형기본사항에서는 정시모집 군별 분할모집을 폐지하도록 안내했습니다.

대학수학능력시험을 주관하는 한국교육과정평가원에서는 수험생의 동의하에 지원한 대학에 표준 점수, 백분위, 등급을 제공합니다. 수험생이 응시 과목을 선택할 수 있게 되면서 표준 점수는 해당 과목에서 수험생의 상대적인 위치를 나타내는 지표로 활용합니다. 2008학년도에는 점수에 따른 지나친 서열화를 방지하려고 한국교육과정평가원에서는 등급만을 제공하여 수험생을 선발하도록 안내했으나, 변별력 부족이라는 원성을 사면서 시행 1년 만에 다시 표준 점수 공개로 변경되었습니다. 대학수학능력시험은 대학에 따라 반영 과목과 반영 비율이 서로 다른 관계로 이전 학력고사와 같은 일률적인 서열화는 아니더라도 대다수 수험생을 대상으로 동일한 시험을 치러 그 결과로 평가한다는 점에서 속성은 비슷합니다. 즉, 대학수학능력시험을 주요 전형요소로 삼아 학생을 선발하는 전형은 일반전형의 취지를 가장 대표한다고 말할 수 있습니다. 일반전형의 가장 큰 특징은 차별 없이 기회를 부여하고, 차별 없이 수험생을 선발하는 것입니다. 대학수학능력시험은 당해 연도에 대입을 준비하는 모든 수험생이 동일한 시간에 동일한 환경에서 응시합니다. 그래서 대다수 수험생은 수능 성적표에 기재된 점수에 따른 선발을 가장 공평한 전형으로 인식합니다. 고교 졸업 학력을 지닌 수험생 중 대학수학능력시험을 응시한 모든 자에게 제한 없이 지원자격을 부여하므로 공평성에 이의를 제기하는 사람이 가장 적기도 합니다. 그렇기에 다양한 전형요소로 인재를 선발하는 수시모집에서 지원 기회를 찾지 못한 수험생이 집중해서 준비할 수 있는 전형 중 하나가 바로 정시모집의 대학수학능력시험입니다.

지금까지 소개한 일반전형을 정리하면 이렇습니다. '일반학생을 대상으로 보편적인 교육 기준에 따라 학생을 선발하는 전형이자 대학의 교육목적에 적합한 입학전형의 기준과 방법에 따라 공정한 경쟁하에 공개적으로 시행하는 전형'이 바로 일반전형입니다. 고등학교 졸업자나 이에 준하는 학력을 지닌 대다수 학생이 지원할 수 있는 전형입니다. 물론, 일부 수시모집의 일반전형은 학교생활기록부를 주요 전형요소로 삼아 정규 국내 고등학교 졸업자나 고교 학교생활기록부를 다수 학기 이상 보유한 자로 제한하기도 합니다. 하지만 고교교육 정상화 차원에서 특별하거나 과도한 교외 활동을 진행하지 않고도 고등학교 학업과 생활에 충실하고 성실한 수험생이라면 누구나 지원할 수 있는 전형입니다.

날씨 : 시험 당일의 날씨는 미리 확인하라

　다음은 필자가 입학처에 근무할 당시 정시모집 미술실기 고사일에 있었던 이야기입니다.

　정시모집 미술실기는 주로 1월 중에 많이 치릅니다. 각 대학마다 정한 군의 전형일에 맞춰 실기고사를 진행합니다. 사실 시험 당일 대학별 고사에 응시하는 수험생보다 더 긴장한 사람은 없을 것입니다. 하지만 대학별 고사를 준비하는 대학도 수험생을 선발하는 과정에서 긴장하기는 마찬가지입니다. 유난히 밤이 길었던 어느 1월의 새벽, 필자를 비롯한 많은 직원은 뜬눈으로 밤을 새웠습니다. 10년 만에 서울에 닥친 대폭설 때문에 미술실기시험 당일 아침, 서울 시내의 모든 교통이 마비되었던 것입니다. 그야말로 비상사태였습니다.

　시험에 응시하는 수험생은 물론, 시험을 치르러 오는 수험생을 응대하는 대학 직원들까지 모두 교통편이 마비되어 움직일 수 없는 상황이었습니다. 물론, 이것은 사람의 힘으로는 어쩔 수 없는 자연재해였습니다. 당시 당직하던 한 직원이 지혜롭게 대처하여 시험 시간을 조금 연기한다고 빠르게 모든 수험생에게 안내함으로써 잘 대처할 수 있었습니다. 하지만 그날 출근하던 길에 마음을 졸였던 것을 생각하면 지금도 아찔합니다.

　이런 천재지변의 불가항력적인 요인에 대비하여 대학별로 대처 방법이 마련되어 있기 때문에 미리부터 걱정할 필요는 전혀 없습니다. 하지만 대학별 고사장에서 멀리 사는 수험생이라면, 대학별 시험을 치르는 당일의 일기예보를 미리 확인하여 대비해야 합니다. 그러면 당일 날씨 때문에 당황하지 않고 대학별 고사를 잘 치를 수 있을 것입니다.

특별전형 : 일반전형이 아닌 모든 전형

3.1 전형의 원칙 소개

■ 관련 법령

> [고등교육법]
>
> 제34조(학생의 선발 방법) ① 대학(산업대학·교육대학·전문대학 및 원격대학을 포함하며, 대학원대학은 제외한다)의 장은 제33조제1항에 따른 자격이 있는 사람 중에서 일반전형(一般銓衡)이나 특별전형에 의하여 입학을 허가할 학생을 선발한다.
>
> ② 제1항에 따른 일반전형이나 특별전형의 방법과 학생 선발 일정 및 그 운영에 필요한 사항은 대통령령으로 정한다.

[**고등교육법시행령**]

제34조(입학전형의 구분) ② 법 제34조에 따른 특별전형은 특별한 경력이나 소질 등 대학이 제시하는 기준 또는 차등적인 교육적 보상 기준에 의한 전형이 필요한 자를 대상으로 학생을 선발하는 전형으로서 사회 통념적 가치 기준에 적합한 합리적인 입학전형의 기준 및 방법에 따라 공정한 경쟁에 의하여 공개적으로 시행되어야 한다.

■ 대학입학전형기본사항

가. 전형 원칙(「고등교육법」 제34조 및 「동법 시행령」 제34조제2항)

○ 특별전형은 특별한 경력이나 소질 등 대학이 제시하는 기준 또는 차등적인 교육적 보상 기준에 의한 전형이 필요한 자를 대상으로 학생을 선발하는 전형으로서 사회 통념적 가치 기준에 적합한 합리적인 입학전형의 기준 및 방법에 따라 공정한 경쟁에 의하여 공개적으로 시행함

○ 학생의 특별한 경력이나 소질을 전형 기준으로 설정할 수 있으나, 적법성·타당성·신뢰성·공정성·공공성의 원칙을 고려하여 전형 대상·지원자격 기준·전형 기준과 사정 모형 등의 전형방법을 결정해야 함

○ 대학은 전형 원칙을 정할 때 고교교육 과정의 활성화와 사교육비 절감이라는 측면을 고려하여야 함

나. 특별전형의 종류

○ 정원내 특별전형 : 대학의 입학정원 내에서 대학이 자율적으로 독자적 기준 및 차등적 보상 기준이 필요한 자를 대상으로 별도의 지원 자격을 설정하여 전형에 부합하는 학생을 선발함

○ 정원외 특별전형 : 고등교육을 받을 기회를 균등하게 제공하기 위하여 소득·지역 등의 차이를 고려하여 선발할 필요가 있는 경우 「고등교육법시행령」 제29조에 따라 대학에서 자율적으로 실시함

다. 모집단위 및 모집인원

○ 정원내 특별전형 : 일반전형과 동일하게 적용함

○ 정원외 특별전형 모집인원 산정(「고등교육법시행령」 제29조제2항)

• 주간과 야간, 본교와 분교의 정원을 분리하여 학생 모집

• 부모 모두 외국인인 외국인 및 외국에서 초·중등 전 교육 과정 이수자의 모집 시기 및 방법은 대학이 자유롭게 실시함(9월 입학 가능)

• 정원외 특별전형 모집인원

– 농어촌학생 특별전형 : 당해 연도 입학정원의 4% 이내

– 특성화고교 졸업자 특별전형 : 당해 연도 입학정원의 1.5% 이내

– 재외국민과 외국인 : 당해 연도 입학정원의 2% 이내(부모 모두 외국인인 외국인, 북한이탈주민, 외국에서 초·중등 전 교육 과정 이수자(결혼이주민 포함)의 모집인원 제한은 없음)

- 기초생활수급자 및 차상위 계층 특별전형 : 농어촌학생, 특성화
  고교 졸업자 특별전형을 포함하여 당해 연도 입학정원의 5.5%
  이내

- 특성화고교 등을 졸업한 재직자 특별전형 : 다음 표의 범위 내

- 장애·지체로 인한 특수한 교육적 필요 대상자 특별전형 : 제한
  없음

- 모집단위별로 모집인원을 설정하되, 모집단위별(「고등교육법시행
  령」 제29조제2항 관련 [별표 1] 참고) 기준을 초과할 수 없음

• 산업체 위탁 교육생 입학정원은 교육부 소관부서에서 별도 통보

• 정원외 특별전형에서 미충원으로 발생한 결원은 차차년도로 이월
  하여 모집할 수 없음

〈정원외 특별전형 총 학생 수 기준〉

호수	대상자	총 학생 수 기준	
		연도별 입학정원 대비	모집단위별 입학정원 대비
1	산업체 위탁 학생, 기타 위탁 학생	교육부 장관이 결정	교육부 장관이 결정
2	재외국민 및 외국인 (제6·7호 대상자 제외)	2%	10% (의대 5%, 교대·원격대 20%)
4	각종 장애 또는 지체로 인하여 특별한 교육적 요구가 있는 자	입학정원 제한 없음	입학정원 제한 없음

호수	대상자		총 학생 수 기준	
			연도별 입학정원 대비	모집단위별 입학정원 대비
6	북한이탈주민 및 부모가 모두 외국인인 외국인		입학정원 제한 없음	입학정원 제한 없음
7	외국에서 우리나라 초·중등교육에 상응하는 교육 과정을 전부 이수한 재외국민 및 외국인, 결혼이주민		입학정원 제한 없음	입학정원 제한 없음
14	기회 균형 선발	농어촌 지역 학생 및 도서·벽지의 학생	11% / 5.5% / 4%	10% (의대 5%, 교대·원격대 20%)
		특성화고교 졸업자	5.5% / 1.5%	10% (의대 5%, 교대·원격대 20%)
		기초생활수급자 및 차상위 계층	–	20% (의대 5%, 교대·원격대 20%)
		특성화고교 등을 졸업한 재직자	5.5%	– (의대 5%, 교대·원격대 20%)

※ 「고등교육법시행령」 제29조제2항 관련 [별표 1] 중 신입학 해당 내용

※ 사범대학(사범계 학과 포함, 전문대학 유아교육과)은 「고등교육법시행령」 제29조 및 제29조의2에 따른 편입·재입학과 정원외 입학 및 전과 등을 합한 수는 학과별 승인정원의 10%를 초과할 수 없음

〈특별전형 분류〉

구분	차등적 보상 기준에 의한 특별전형(예시)	대학 독자적 기준에 의한 특별전형(예시)
정원내	• 검정고시 출신자 • 대안학교 출신자 • 다문화 가정 자녀 • 다자녀 가정 자녀 ⋮	• 대학별 독자적 기준 　– 종교 관련 　⋮ • 특기자(예체능, 어학 등) • 산업대학 우선 선발

구분	차등적 보상 기준에 의한 특별전형(예시)		대학 독자적 기준에 의한 특별전형(예시)
정원내	고른 기회 특별 전형	• 국가보훈대상자 • 만학도, 주부 • 지역 인재 • 농어촌학생 • 특성화고교 졸업자 • 기초생활수급자 및 차상위 계층 • 특성화고교 등을 졸업한 재직자 • 장애인 등 대상자 • 서해5도 학생	• 대학별 독자적 기준 　－ 종교 관련 　　⋮ • 특기자(예체능, 어학 등) • 산업대학 우선 선발
정원외	• 농어촌학생 • 특성화고교 졸업자 • 기초생활수급자 및 차상위 계층 • 특성화고교 등을 졸업한 재직자 • 장애인 등 대상자 • 재외국민과 외국인 • 서해5도 학생		－

※ 차등적 보상 기준에 의한 특별전형 : 전형 취지에 적합한 자격 기준 및 평가 방법으로 운영하여야 함

※ 대학 독자적 기준에 의한 특별전형 : 자격 기준, 전형 대상 및 방법을 대학 자율로 결정하되 합리적 기준에 따라 선발하며, 외국 소재 고교를 졸업한 자가 정원내 전형에 지원하는 경우에는 교육부 공문[대학입학제도과 － 653호(2015.3.12)] 「초·중등교육법시행령」 일부 개정에 따른 외국 초·중·고 졸업 학력 인정 관련 사항 안내' 준수

■ 전형의 소개

특별전형은 대학교육의 목적에 따라 다음 두 가지 전형으로 구성됩니다. 하나는 다양한 소질과 적성의 학생을 선발할 수 있도록 학생의 특별한 경력이나 소질을 평가하는 전형입니다. 다른 하나는 교육의 기회 균등

을 실질적으로 보장하려고 일반학생에 비하여 사회적 또는 경쟁적 측면에서 상대적으로 불리한 위치에 있는 학생을 대상으로 차등적 보상 기준을 적용하여 실시하는 전형입니다.

대학교육의 목적에 따른 대학독자적기준 특별전형은 학교장 추천자, 국가독립유공자 손자녀, 자격증 소지자, 소년소녀가장, 선효행자, 봉사 활동 우수자, 다문화 가정의 자녀 등을 대상으로 운영합니다.

차등적 보상 기준을 적용하는 특별전형에는 고등교육법시행령 제29조에서 기술한 지원자격을 대상으로 한 정원외 특별전형들이 있습니다.

3.2 대학입시 변천 과정별 특별전형

이제 특별전형의 변천 과정을 살펴봅니다. 시기별 특징을 정리하면 다음과 같습니다.

- 대학입학 국가연합고사와 대학별 고사 병행기(1954년) : 여학생과 제대군인은 연합고사를 면제해 주었습니다. 대학입학 국가고사에서는 실업계 대학 진학 희망자 중 입학정원의 20%까지를 추가로 선발하여 동일계 대학 진학을 권장하는 특별전형을 실시했습니다.
- 대학별 단독시험제 및 무시험제 시기(1955~1961년) : 여학생과 제대군인에 한하여 정원외 10%까지 초과 모집을 허용하는 특별전형을 운영했습니다.

- 대학입학자격 국가고사제 시기(1962~1963년) : 실업계 고졸자가 동일
  계 대학에 진학하려고 학교장의 추천을 받았을 때는 서류전형과 대
  학적성검사만으로 별도 합격 사정을 하여 정원외 30%를 특별전형
  으로 선발했습니다. 사범계와 실업계 대학에 진학한 여학생에게는
  혜택을 부여했습니다. 또 예체능 계열 대학은 무시험 서류전형을 실
  시했습니다.

- 대학별 단독시험제 시기(1964~1968년) : 특별전형으로 예체능 특기자
  와 과학 특기자를 입학정원 안에서 총·학장이 정한 기준에 따라 선
  발했습니다. 또 대학별 시험 성적의 20%까지 실업계 고교생이 동일
  계 대학에 진학할 수 있는 특혜를 주었습니다.

- 대학입학 예비고사제, 대학별 고사 병행기(1969~1980년) : 1969~
  1973년까지 교대, 사대, 농과계에서는 도서지방 출신자와 군무희망
  자를 정원의 10% 이내에서 추천입학으로 선발하는 특별전형을 실
  시했습니다. 1974년에는 예체능계 특별전형을 실시했으며, 1976년에
  는 외국인, 교포 등에게 예비고사 면제 혜택을 주었습니다. 또 1979
  년에는 야간의 1/2을 산업체 근로자로, 1980년에는 농·공·상·해양
  계와 산업체 근로자, 체육고 출신자를 특별전형으로 선발했습니다.

- 대학입학 예비고사, 고교내신 병행기(1981년) : 예체능 특기자, 실업계
  대학 동일계 진학자, 산업체 근로자 등을 대상으로 대학이 정한 바
  에 따라 특별전형을 실시했습니다.

- 대학입학 학력고사, 고교내신 병행기(1982~1985년) : 산업체 근로자,
  실업계와 동일한 학과에 진학하는 학생에게 주던 특례조치를 1983

학년도까지 유지했습니다.

- 대학입학 학력고사, 고교내신 및 논술고사 병행기(1986~1987년) : 예체능 특기자와 학력고사 면제자(교포, 외국교육 과정 이수자 등)에게는 대학이 정한 기준에 따라 특별전형을 실시했습니다.

- 대학입학 학력고사, 고교내신 성적 및 면접 병행기(1988~1993년) : 특별전형으로는 체육고교 출신자를 정원의 10% 이내에서 특별전형으로 선발하고, 2년 이상 근무한 산업체 근로자를 입학정원의 20% 이내에서 야간대학에서 특별전형으로 선발할 수 있도록 했습니다.

- 대학수학능력시험, 고교내신 성적 및 대학별 고사 병행기(1994~1996년) : 산업체 근무자에게 대학교육의 기회를 확대하고자 85개 야간학교와 설치대학 중에서 83개 대학이 야간학과 정원의 일정 비율을 산업체 2년 이상 근무자로 모집하는 산업체 특별전형을 확대했습니다. 1996년부터는 도시 지역에 비해 상대적으로 열악한 환경에서 교육받고 있는 농어촌 지역 학생들에게도 대학 진학의 기회를 확대하고자 농어촌학생 특별전형을 실시했습니다. 시각장애자, 청각장애자, 지체부자유자 등 장애자에게도 진학 기회를 제공하고자 특수교육 대상자 특별전형을 도입했습니다.

- 대학별 자율 결정 시기(1997년~) : 고교 종합생활기록부, 수능시험 성적, 대학별 고사, 기타 전형 보조 자료 등을 바탕으로 대학이 자율적으로 결정하여 실시했습니다. 일반전형과 특별전형으로 구분하여 시행했으며, 일반전형은 공정한 경쟁제도하에서 고등학교 학력을 갖춘 모든 자를 대상으로 하는 것이 원칙입니다. 특별전형은 전형 대

상과 전형방법, 자격 기준을 자율적으로 정하여 확대·실시하도록
했고, 정원외 특별전형은 법령이 정한 대로 지원자격과 선발인원을
정하도록 했습니다.

연락처 : 대학입학이 끝날 때까지 바꾸지 마라

"끝날 때까지는 끝난 것이 아니다."

이것은 대입 또한 마찬가지입니다. 대학입시를 치르고 원했던 대학에서 합격자 발표를 모두 완료하기 전까지는 원서접수할 때 기재한 긴급연락처를 바꾸지 않는 것이 좋습니다. 대학수학능력시험이 끝난 이후나 수시모집과 정시모집 최초 합격자를 발표하는 시점에 핸드폰을 교체하여 연락처가 변경되는 수험생이 종종 있습니다. 이때 대학 입학처 직원들은 수험생의 바뀐 연락처를 찾기가 쉽지 않습니다.

이처럼 긴급연락처를 바꾸면 대학에서 수시모집 충원합격자를 발표하거나 정시모집 추가합격자를 전화로 통보할 때 불이익을 받을 수 있습니다.

한 수험생은 대학의 수시모집이나 정시모집에서 최초 합격자를 발표한 후 가족과 함께 해외여행을 떠나는 바람에 충원이나 추가합격 소식을 전달하는 데 어려움이 있었습니다.

대학입학전형기본사항과 대학별 모집요강에서는 대학이 합격자를 발표하는 기간을 명시하고 있습니다. 이를 꼭 확인하여 이 기간에는 긴급연락처를 바꾸거나 하지 않도록 주의하고, 추가적으로 오는 연락은 없는지 예의 주시해야 할 것입니다.

　모 대학입학처에서는 연락이 되지 않는 수험생을 찾아내려고 경찰에 의뢰하거나 수험생이 기재한 주소를 바탕으로 해당 아파트 경비실에 연락한 적도 있습니다. 충원합격자나 추가합격자를 발표하는 기간이 얼마 남지 않은 상황에서는 발표 시점이 저녁이나 늦은 밤 등 대학 담당자가 조치를 취하기에 다소 애매한 경우도 있고, 유선 통보가 불가능할 정도로 시간적 여유가 없을 때도 있습니다. 이런 촌각을 다투는 시기에 연락이 잘 되지 않아 합격 소식을 접할 수 없다면, 그동안 애쓴 수험생의 입장에서는 매우 안타까운 일이 아닐 수 없습니다.

　거듭 당부하지만 대입과 관련된 모든 절차가 끝나기 전까지는 가능한 긴급연락처를 바꾸지 않도록 합니다. 부득이한 사정으로 긴급연락처를 바꿔야 할 때는 각 대학입학처에 바뀐 연락처를 전달하여 변경된 연락처로 안내받을 수 있도록 해야 합니다.

대학독자적기준 특별전형 :
대학이 정한 기준에 따라 선발

4.1 전형의 원칙 소개

대학독자적기준 특별전형은 일반전형과 반대되는 개념이라고 할 수 있습니다. 대학독자적기준 특별전형은 고등교육법과 대학입학전형기본 사항에 명시된 학생 선발의 원칙과 대학교육의 본질을 훼손하지 않는 범위 내에서 대학의 건학 이념과 철학, 대학의 인재상과 지향하는 바에 따라 자율적으로 수험생을 선발할 수 있는 전형입니다. 즉, 대학이 지향하는 인재상을 바탕으로 대학에 꼭 필요한 인재를 선발하는 전형이 대학독자적기준 특별전형입니다.

'대학독자적기준 특별전형'은 고등학교를 졸업하거나 이와 동등한 자격을 지닌 수험생에게 지원자격을 부여하는 '일반전형', 차등적 보상 기준에 따라 사회적 책무를 다하고자 수험생에게 지원자격을 부여하는 '정원외 특별전형', 특정한 장기와 특기를 지닌 학생들을 주로 선발하는 '특기자 특별전형'과는 별개로 대학이 원하는 우수한 인재를 유치하는 전략으로 활용합니다.

일부 대학독자적기준 특별전형을 비판하는 목소리 중에는 해당 전형 운영에 정당성이 결여되어 있다고 비판하는 목소리도 있습니다. 대학독자적기준 특별전형은 대학의 교육 목적, 건학 이념, 역사적인 변화, 대학을 구성하는 구성원의 욕구를 총체적으로 반영한 공유 가치의 결과물이어야 하는데, 일부 대학에서 운영하는 대학독자적기준 특별전형에는 대학의 설립 의도가 들어 있지 않다는 비판을 받기도 합니다. 단순히 부모의 직업, 대학의 수학 능력의 수월성을 가늠할 수 없는 기준들을 지원자격, 전형요소로 정하고 있는 경우들이 있어 비판의 대상이 됩니다. 또 대학입학전형 간소화 방안의 위주 구분 어디에도 속하지 않는 전형을 모두 '대학 독자적 기준'이라는 분류에 넣어 혼합된 형태로 운영하고 있는 것은 아닌가 하는 우려를 낳고 있습니다. 향후 대학입학처에서는 이런 비판의 목소리를 수렴하여 대학의 고유한 특징과 철학이 담긴 대학독자적기준 특별전형들을 개발하고 연구할 필요가 있습니다.

4.2 대학별 전형의 특징

대학이 운영하는 대학독자적기준 특별전형은 대학마다 각기 다른 전형요소를 취하고 있어 대학별 전형요소와 구분하여 설명하는 것이 큰 의미가 없습니다. 차라리 해당 전형을 운영하는 대학의 지원자격을 기준으로 분류하여 설명하는 것이 특징을 파악하기가 더 쉽습니다.

대학이 지닌 건학 이념이나 교육 목적, 인재상에 따라 자신만의 고유한 우수 인재를 개념화하고, 이에 적합한 지원자격을 정하여 수험생을 선발하는 전형들이 대학독자적기준 특별전형의 대표적인 예입니다. 지원자격을 정한 대학에서는 대학의 특징과 어울리는 수험생을 찾아내는 데 집중하여 평가 과정을 진행합니다. 예를 들어, 비슷한 점수대의 지원자 중에서 면접이나 서류평가를 이용하여 대학의 교육 방식과 인재상에 적합한 학생을 선별하는 것입니다. 또 종교적 가치를 바탕으로 설립한 대학에서는 종교인의 추천을 받거나 종교관을 반영한 전형을 만들기도 합니다. 이외에도 특수한 목적의 설립 배경을 지닌 대학에서는 특정 학과를 개설한 후 이 학과에 적합한 학생을 선발하는 기준을 정하고 대학독자적기준 특별전형을 운영하기도 합니다. 어떤 경우든 대학독자적기준 특별전형은 신입생 선발의 자율성을 토대로 수험생을 선발하려는 전형인 것입니다.

앞서 언급한 것처럼 대학의 철학과 이념이 담긴 대학독자적기준 특별전형 이외에도 두 가지 유형의 특별전형이 있습니다. 하나는 외국어고등학교와 과학고등학교 출신자들을 주로 선발하는 유형의 특별전형입니다. 우리나라의 중등교육은 평준화를 기반으로 합니다. 이 특수한 목적의 고등학교에는 선발 경쟁을 거친 우수한 학생이 많아 일반 고등학교에 비해 좋은 내신을 받기가 어렵습니다. 따라서 일부 고등학교에서는 소수 인원이지만, 이런 특수한 목적의 고등학교 학생들이 지원 가능한 전형을 개발하여 운영하기도 합니다.

또 다른 하나는 독립유공자 손자녀, 장기복무 하사관 자녀, 선원 자녀, 공무원 재직자 자녀 등 부모의 직업에 따라 대학이 정한 특별한 자격이 있거나 사회봉사자, 대안학교 출신자, 홈스쿨링 출신자 등 대학이 정한 특별한 자격이 있을 때 지원자격을 부여하는 유형의 대학독자적기준 특별전형입니다. 이런 전형들은 대학에 따라 지원자격을 부여할 때도 있고, 부여하지 않을 때도 있어 수험생은 대학 모집요강에 제시된 지원자격을 꼼꼼히 확인한 후 지원해야 할 것입니다.

모집요강 : 작은 부분도 놓치지 마라

대입을 준비하면서 각 대학에서 발표한 전형요소에 맞춰 공부를 열심히 하는 것도 중요하나, 그만큼 중요한 것은 대입과 관련된 세부적인 사항들을 놓치면 안 된다는 것입니다.

매 학년도마다 발표하는 대학입학전형기본사항에서는 수시모집과 정시모집 등 각 모집 시기마다 원서접수를 실시할 수 있는 기간을 안내합니다. 주로 대학입학전형기본사항에서 지정한 기간 중 3일 이상 원서접수를 실시하도록 합니다. 대학은 지정한 기간 안에서 자율적으로 3일 이상 선택하여 원서접수를 받으므로, 결국 대학마다 원서접수 일정이 비슷합니다.

여기서 수험생이 유념해야 할 것이 하나 있습니다. 지원하려는 대학의 목록을 수시모집은 6개까지, 정시모집은 각 군별로 1개씩 미리 정한 후 각 대학별 모집요강에서 원서접수 일정을 확인하는 것입니다.

다음은 실제로 학생들을 상담하면서 있었던 사례입니다.

지난 학년도에는 모든 대학이 거의 동일한 일정에 수시모집 원서접수를 진행했습니다. 그런데 대다수 수험생이 선호하는 한 대학에서 다른 대학들보다 하루 일찍 수시모집 원서접수를 마감한 것입니다. 모집요강에서 이를 제대로 확인하지 않은 일부 수험생은 다른 대학들과 원서접수 마감일이 동일하다고 착각하여 선호하는 대학에 원서접수를 하지 못하는 상황이 빚어졌습니다. 이미 원서접수를 마감한 대학의 문을 아무리 두들겨 봤자 소용이 없었습니다.

해당 대학에서는 이미 사전 공지한 내용이기에 원서접수 일정을 변경하여 운영할 수 없었습니다. 게다가 이것은 모집요강을 제대로 확인하지 않은 수험생의 잘못이었기에 특별한 구제책을 마련할 수 없었습니다. 매 학년도 원서접수 기간이 되면 안타까운 마음에 다시 생각나곤 합니다.

대입에서 모집요강은 중요한 사항들을 총 정리해 놓은 중요한 문서입니다. 그러니 꼭 처음부터 끝까지 꼼꼼히 확인하세요. 모집요강을 제대로 확인하지 않아서 발생하는 피해 사례가 의외로 많습니다.

특기자 특별전형 : 재능이 특별한 학생 선발

5.1 전형의 원칙 소개

■ 대학입학전형기본사항

○ 자격 기준

- 특기자 전형의 취지를 살릴 수 있는 합리적이고 다양한 자격 기준을 설정함

○ 자격 심사

- 대학 내 「대학입학전형관리위원회」에서 교과 및 교과 외 활동 등의 전형 자료에 기초하여 적격자를 공개 전형으로 선발함
- 선발 분야는 대학에서 모집단위와 연계하여 자율적으로 정함

〈체육특기자 특별전형〉

○ 일반 사항

- 대학은 체육특기자 특별전형을 시행할 경우, 사회 통념적 가치 기준에 적합한 합리적인 기준 및 방법에 따라 공정한 경쟁에 의하여 공개적으로 시행하여야 함

  - 대학 내 「대학입학전형관리위원회」에서 체육특기자 특별전형의 취지에 맞는 합리적이고 공정한 자격 기준 및 전형방법을 설정함

  - '사전 스카우트', '끼워 넣기' 등의 불법·부정 방식으로 학생을 선발할 수 없음

- 대학은 지원자격 및 선발 방법을 합리적으로 설정하여 모집요강에 전형요소별 세부 심사 기준을 공개하며 기본사항에 제시된 전형일정을 준수하는 등 공정하고 투명하게 체육특기자를 선발하여야 함

- 대학은 체육특기자 특별전형을 시행함에 있어, 학생들의 균등한 기회를 저해하는 서류(예 : 학생 본인의 지원 의사, 학부모의 확인, 학교장의 추천, 진학하고자 하는 대학 대표자의 승낙 의사 등이 포함되어 사전 스카우트·끼워 넣기 등 부정 입학에 활용될 수 있는 지원 서류를 지칭함)를 평가에 반영해서는 안 되며, 우수 학생 선발을 위한 장학금 등 특전을 사전에 명시하여 안내함으로써 학생 개개인이 대학 및 모집단위를 충분히 비교하여 선택할 수 있도록 함

○ 자격 기준

- 각 종목별 특수성을 고려한 차별적 자격 기준을 권장함

- 고교 졸업자의 경우에도 재학 당시의 경기 실적 등으로 지원할 수 있도록 자격 기준을 설정할 것을 권장함

- 종목별 세부적인 자격 심사 기준을 입시요강에 명시함

○ 전형방법

- 전형요소(학생부, 수능 성적, 경기 실적, 실기고사 등)별로 명확하고 상세한 심사 기준을 수립하고 이를 공개하여 공정하고 투명하게 체육특기자를 선발함

  - 초·중·고 학생선수 학습권 보장제 도입·시행(최저학력 기준 적용)에 따라 해당 학생들이 대학에 입학하는 2018학년도에 맞춰 학생부 반영을 권장함

  ※ 학생선수의 학습권 보장과 학교교육 과정의 정상적 운영을 위하여 「학교체육진흥법」 제11조 및 「학교체육진흥법 시행규칙」 제6조에 따라 초·중·고에 학생선수의 학습권 보장제 도입

  - 공정한 학생 선발을 위하여 면접 반영 비율을 최소화하고 '종목별 공통 실기'를 권장함

- 경기 실적의 경우 개인 종목뿐만 아니라 단체 종목 내 개인 경기 실적의 반영 비율을 확대하여 건전한 경쟁환경을 조성하고 '끼워넣기' 등 부정 입학을 방지하도록 권장함

> • 해당 종목 특성 및 선수 현황, 모집단위의 특성 등을 종합적으로
> 고려하여 전형방법을 설정함으로써 대학이 필요로 하는 우수 선
> 수를 선발하도록 권장함

■ 전형의 소개

여기서는 특별전형 중 다양한 재능과 이력을 지닌 학생을 선발하는 특기자 특별전형을 살펴봅니다. 특기자 특별전형은 학업 성적보다는 특정 분야에서 뛰어난 재능과 특기, 경력을 지닌 학생을 선발하려고 만든 전형입니다. 특기자 특별전형이 발전한 배경을 살펴보면, 정원내 특별전형으로 1964년부터 실시했고 도입 초기에도 특별한 소질이나 능력을 지닌 특기자가 대학의 특기 관련 전공으로 진학할 수 있는 기회를 제공하려는 전형 취지에서 도입했습니다. 즉, 1964년 대학별 단독시험으로 학생 선발제도를 실시하면서 예능, 체육, 과학 특기자를 입학정원 안에서 대학과 전문대학의 총·학장이 정한 기준에 따라 선발하는 특기자 특별전형을 시작했고, 이는 1968년까지 지속되었습니다. 1967년에는 대입 예비고사제도와 대학별 고사를 병행하는 방식으로 대학입시제도가 변경되면서 예·체능 계열 특기자 특별전형은 1974년부터 다시 실시했습니다. 이후 대학입학전형제도는 대입 예비고사, 고등학교 내신, 대학별 고사 등 다양한 조합으로 개선했으나, 특기자 특별전형은 예체능 계열 특기를 대상으로 계속 유지해 왔습니다. 1994년에는 기존 예체능 계열 특기와 함께 문

학, 어학, 수학, 과학 특기 분야가 특별전형 대상으로 추가되었습니다. '국립교육평가원'이 자격 심사 과정을 거쳐 인정된 특기자를 대상으로 대학에서 선발하는 방식을 취했습니다. 1997년부터는 대학에 특기생 선발 자율권이 확대되면서 특기 분야를 세분화했습니다. 기존 특기 분야인 음악, 미술, 체육, 문학, 어학, 수학, 과학 특기 외에도 대학의 장이 교육적으로 필요하다고 인정하는 분야도 특기 분야로 지정할 수 있었습니다. 자격 기준과 선발 방법 등도 대학이 자율적으로 결정하여 정원내에서 선발할 수 있게 되었습니다.

1997학년도 이후 특기자 특별전형을 운영하는 대학에서 특기 분야를 선정할 때는 정부가 대학의 자율권을 조정하는 방식으로 운영했습니다. 1997학년도 대학입학전형기본사항에서 특기 분야는 대학이 자율적으로 선정했으나, 2002학년도 대학입학전형기본사항에서는 모집단위와 연계하여 선발 분야를 결정하도록 권장했습니다. 2008학년도에는 권장 사항이 아닌 일반 규정으로 전환하여 모집단위 연계를 의무화했습니다. 2014학년도에는 체육특기자 관련 비리를 방지하고자 체육특기자 전형을 운영하는 세부 지침을 추가했습니다. 하지만 선발 방법에서는 1997학년도 이후 큰 변화가 없습니다. 1997학년도에 선발 분야를 대학에서 자율적으로 선정할 수 있도록 제도를 변경한 후 특기 분야는 미술, 음악, 체육, 문학, 수학, 과학에서 어학, 리더십, 무용, 서예, 의상, 미용, 컴퓨터·정보화, 발명, 바둑, 디자인, 연극, 영화, 한문, 방송, 연예, 논리, 논술, 공연, 창업, 신학(종교), 기타 등으로 확대되었습니다. 두 가지 이상의 특기 분야를 통합하여 설정하는 복합적 유형의 형태도 나타나는 등 학과, 모집단위별 특성을 고려한 다양한 특기 분야를 선정하고 있습니다.

특기자 특별전형은 소위 '한 가지만 잘해도 대학 간다'는 풍조가 만연하던 시기에 특정 대학을 목표로 정한 수험생들에게 인기를 끌었습니다. 이후 '2002학년도 대학입학제도 개선안'에서는 수험생의 적성과 소질, 잠재 가능성 등을 선발 기준으로 하는 열린 전형의 방향을 제시했습니다. 한때는 이 개선안을 추진하려고 각 대학에서 자율성의 폭을 확대하고 각 재능과 분야별 특기자를 선발하는 특별전형을 신설하여 수많은 대입 전형을 운영하기도 했습니다. 하지만 최근 대학입시에서는 대학입학전형 간소화 방안에 따라 수많은 특별전형을 운영하기에는 무리가 있습니다. 그래서 특기자 특별전형을 대폭 확대한 시점보다는 다소 축소된 듯하지만, 여전히 많은 대학에서 특기자 특별전형으로 운영합니다.

특기자 특별전형의 장점은 다음과 같습니다. 첫째, 학생 개개인이 특기와 소질을 지녔을 경우 특기자 특별전형으로 대학에 진학할 수 있는 기회가 있으므로 초·중·고등학교에서 학생 특유의 개성을 살리는 학습을 강화할 수 있습니다. 이런 대학 진학의 기회를 부여하여 학생 각자의 능력과 소질을 개발할 수 있고 교육적 효과도 기대할 수 있습니다. 둘째, 대학의 입장에서 생각했을 때 모집단위 특성과 적합한 인재를 선발할 수 있습니다. 셋째, 실기고사, 수상 실적, 포트폴리오 등 전형요소를 적용하여 학생의 재능과 소질, 품성 등을 실질적으로 평가하고 다양한 개성과 특징을 지닌 학생을 선발할 수 있으므로 대학에 창의적이고 전인적인 장점을 지닌 구성원을 확충할 수 있습니다. 교과 학습 이외에도 대학 진학의 문이 넓어져 전인적인 인간을 키울 수 있는 고등학교교육 정상화도 도모

할 수 있습니다.

하지만 일부 학부모와 수험생이 특기자 특별전형을 좋은 대학을 갈 수 있는 편법 정도로 생각하여 악용하는 사례도 있습니다. 학교생활기록부 성적이나 대학수학능력시험에서 원하는 점수를 얻지 못한다고 생각할 때 특정 어학 성적이나 예체능 실기를 준비하여 대학을 가는 수단으로 해당 전형을 활용하기도 합니다. 또 실적 서류를 기반으로 한 전형요소를 특기자 특별전형에 지원하면서 공신력을 확인하기 어려운 각종 실기대회와 입상경력을 실적 서류로 제출합니다. 공신력을 확인하기 어려운 기관이나 단체에서 발급한 서류는 학생들에게 금전적 피해는 물론, 학교 수업의 정상적 참여를 저해합니다. 체육특기자의 사례에서 주로 발생하는 문제점은 연습이나 대회 참가로 고교 시절에 습득해야 할 학생들의 학습권이 침해를 받을 수 있고, 이런 학생들 때문에 학습 분위기 등이 훼손되어 고교교육 정상화를 도모하는 데 무리가 있다는 것입니다.

그럼에도 특기자 특별전형의 평가방법을 선진적으로 개선하여 계속적으로 발전한다면 지나친 학업 성적 위주에서 벗어나 창의력과 특기를 갖춘 다양한 학생을 선발할 수 있는 전형으로 자리매김 할 것입니다.

5.2 대학별 전형의 특징

특기자 특별전형은 대다수 대학에서 수시모집을 이용하여 선발합니다. 지원자격과 선발 분야는 예체능(음·미·체·영상·연기) 분야, 어학 분야,

과목별 인재 등 각 대학의 지원자격에 따라 자유롭게 정합니다. 다만, 대학입학전형기본사항에서는 특기자 특별전형에서 선발할 수 있는 모집단위를 지원자격에서 설정하고 있는 분야와 연계성이 있는 모집단위에 한하여 선발할 수 있음을 명시하고 있습니다.

특기자 특별전형은 대학입학전형 간소화 방안에 따라 실기 위주로 분류되는 전형들을 주로 운영합니다. 즉, 대학에서 실기고사를 치러 우수한 학생을 선발할 때는 대외적인 수상 실적이나 공인된 점수 등 서류를 제출하여 우수한 학생을 선발하는 경우 등으로 전형요소를 구성합니다. 학생들에게서 제출받은 서류를 기반으로 면접고사를 실시하여 최종적인 합격자를 선발하는 대학도 있습니다.

옥에 티 : 자기소개서의 결정적 실수를 조심하라

이전 명칭은 입학사정관 전형, 현재 명칭은 학생부 위주 종합전형의 평가가 진행될 시, 입학사정관들은 생각보다 훨씬 힘겹고 강도 높은 평가 과정을 거칩니다.

평가 과정은 몸속 모든 영양분이 빠져나가는 것처럼 힘겹고 고된 작업입니다. 어떤 사람들은 입학사정관들이 수험생이 제출한 모든 서류를 읽는지, 정말로 과학적이고 논리적으로 평가하는지 염려하기도 합니다.

대학의 평가 과정은 내외부적으로 엄격한 감사와 절차를 거쳐서 진행합니다. 만약 그 과정에 의혹이 있거나 특혜 시비가 일어난다면 사회적 지탄을 받을 수 있습니다. 그렇기에 각 대학은 누가 판단하더라도 논리적이고 과학적인 절차와 평가 과정을 거쳐 대학입시를 진행합니다.

다시 한 번 강조하지만, 입학사정관들은 수험생이 제출한 서류를 모두 꼼꼼히 읽습니다. 그런데 자기소개서에서 종종 오타나 오·표기를 발견합니다. 글을 잘 썼음에도 지원하는 대학 이름을 잘못 기재하거나 치명적인 오타 등은 해당 대학의 입학사정관들에게 좋지 않은 인상을 줄 수 있습니다.

대학에 제출하는 서류는 몇 번씩 읽고 살펴서 점검해야 합니다. 최종적으로 제출하는 시점까지 각 문장과 문단에서 논리적인 연결이나 전체 맥락에 적합한 내용으로 구성했는지 확인하고, 오타나 오·표기 된 부분은 없는지도 점검해야 합니다.

또 요즘 대입 현장에서는 지원자와 다른 지원자 간의 자기소개서 내용의 유사도를 과학적으로 분석하여 수치로 안내하므로 절대로 타 인의 글을 도용해서는 안 됩니다. 자기소개서를 쓰면서 자신의 이야기 를 자신만의 어투로 설명하는 연습을 반복해야 합니다. 물론, 각 문항 에 적합한 자신의 이야기를 풀어 가는 것이 생각만큼 쉽지는 않을 것 입니다. 하지만 계속해서 연습하고 선생님들에게 교정을 받아가며 다 듬는다면, 자신만의 이야기가 담긴 자기소개서를 대학에 제출할 수 있 을 것입니다.

고른기회 특별전형 :
정원내로 확대된 정원외 특별전형

6.1 전형의 원칙 소개

■ 대학입학전형기본사항

○ 자격 기준

• 다음 지원자격을 '고른기회 특별전형'으로 설정할 수 있음

- 국가보훈대상자　　　　　　- 장애인 등 대상자

- 농어촌학생　　　　　　　　- 서해5도 학생

- 기초생활수급자 및 차상위 계층　- 만학도, 주부

- 특성화고교 졸업자　　　　　- 지역 인재

- 특성화고교 등을 졸업한 재직자

- 국가보훈대상자, 농어촌학생, 기초생활수급자 및 차상위 계층, 특성화고교 졸업자, 특성화고교 등을 졸업한 재직자, 장애인 등 대상자, 서해5도 학생을 '고른기회 특별전형' 지원자격으로 설정할 때에는 해당 법령상 제시된 지원자격 인정 범위 및 「대학입학전형기본사항」에 기술된 정원내·외 지원자격과 동일한 기준으로 운영하여야 함
- '고른기회 특별전형'에 속한 지역 인재전형을 실시할 때에는 아래의 사항을 준수하여 지원자격을 설정하여야 함

  - 지역 설정의 범위

권역	해당 지역
충청권	충청북도, 충청남도, 대전광역시, 세종특별자치시
호남권	전라북도, 전라남도, 광주광역시
대구·경북권	경상북도, 대구광역시
부산·울산·경남권	경상남도, 부산광역시, 울산광역시
강원권	강원도
제주권	제주특별자치도

  - 특정 지역 고교, 협정 체결 및 자매결연 고교만을 지원 대상으로 설정할 수 없음

  - 고교 유형별로 구분하여 지원자격을 제한할 수 없음

  - 졸업예정자만을 대상으로 지원자격을 설정할 수 없음

  - 재학 기준은 입학부터 졸업까지임

  - 고교 졸업 동등 학력자에 대하여 지원자격을 부여할 수 없음

■ **전형의 소개**

　2013년 10월 교육부는 대학입학전형 간소화 방안과 대학입학제도 발전 방안을 발표하여 대학의 사회적 책무성과 교육적 수혜자를 확대하는 차원에서 사회적 배려 대상자, 기초생활수급자 및 차상위 계층, 농어촌학생, 특성화고교 출신 및 특성화 등을 졸업한 재직자 등 사회적 차원에서 배려가 필요한 지원자격 선발을 정원내 특별전형에서 적극적으로 확대할 것을 권장했습니다. 즉, '고른기회 특별전형'은 사회경제적 배경에 따른 교육 불평등을 해소하고 대학입학 구성원의 다양성을 확보하고자 정원외 특별전형뿐만 아니라 차등적 보상을 적용해야 할 지원 대상자를 정원내 특별전형까지 확대하도록 한 전형입니다.

　해당 방안을 발표한 직후 고른기회 특별전형으로 분류해야 할 지원자격이 확정되지 않아 대학마다 고른기회 특별전형으로 인정하는 정원내 특별전형의 종류가 서로 다른 경우도 있었습니다. 이에 2017학년도 대학입학전형기본사항에서는 국가보훈대상자, 농어촌학생, 기초생활수급자 및 차상위 계층, 특성화고교 졸업자, 특성화고교 등을 졸업한 재직자, 장애인 등 대상자, 서해5도 학생, 만학도나 주부, 지역 인재 등 9개 지원자격을 정원내 고른기회 특별전형으로 인정합니다.

　일부에서는 대학과 수험생의 다자녀, 다문화 등 기타 다른 전형 또한 고른기회 특별전형으로 인정해야 하지 않느냐는 질문을 제기하고 있습니다. 하지만, 교육부의 안내 사항과 대학입학전형기본사항에 기술된 내용을 바탕으로 현재는 9개 지원자격만 정원내 고른기회 특별전형으로 인정합니다. 하지만 사회적인 요구와 상황이 바뀌면 고른기회 특별전형에서 인정하는 지원자격은 얼마든지 바뀔 가능성이 있습니다.

6.2 대학별 전형의 특징

모집인원으로 정원내 고른기회 특별전형을 살펴볼 때 대부분은 수시모집에서 모집을 하고 있습니다. 물론, 학년도마다 서로 다르기는 하지만 선발인원의 3~5%를 정시모집으로 선발하겠다는 대학들도 있기는 합니다. 절대다수의 인원을 수시모집에서 선발하되, 소수 인원과 수시모집에서 미충족된 인원은 정시모집에서 선발하는 구조를 취하는 전형이 정원내 고른기회 특별전형입니다.

대학에서 운영하는 정원내 고른기회 특별전형은 주로 학생부 위주(교과)나 학생부 위주(종합) 전형입니다. 학교생활기록부를 중심으로 평가하되, 평가 상황에 따라 서류를 반영하는 대학도 있고 면접을 시행하는 대학도 있습니다.

차등적 보상 기준이나 사회적 형평성의 원리를 충족하는 취지로 발전한 전형이므로, 고등학교 교외의 수상 실적이나 실기를 요구하는 전형을 운영하는 대학은 찾아보기가 어렵습니다. 학교생활에 얼마나 충실하고 성실했느냐가 기준이므로 학교생활기록부의 내용을 주요 전형요소로 활용합니다.

면접 : 가족과 함께 연습하라

면대면으로 얼굴을 마주보는 평가 방법인 면접은 어른들에게도 쉽지 않습니다. 당연히 면접은 수험생에게도 매우 어려운 전형요소입니다.

대학입시에서 진행하는 면접은 크게 두 부류로 나눌 수 있습니다. 하나는 인성면접을 기초로 수험생의 제출 서류를 기반으로 한 면접이고, 다른 하나는 교과 내용을 구두로 물어 풀이 과정을 확인하는 면접입니다.

어떤 종류의 면접이든 수험생은 머릿속으로 자주 면접 상황을 연상하고 이것을 모의실험해 보세요. 실제 면접장에서 당황스러운 질문을 받게 될 시 남학생들은 입을 꾹 다물어 버릴 때가 많고, 여학생들은 울어 버릴 때가 많습니다. 면접자가 피면접자에게 질문을 던졌을 때 아무 대답도 하지 않는 것보다는 차라리 어느 정도 틀린 대답이라도 하는 것이 더 나은 점수를 받을 가능성이 높습니다.

면접은 질문의 난이도를 떠나서 누구에게나 당황스럽고 어려운 순간입니다. 매우 긴장한 상황에서 전혀 생각지 못한 질문을 받으면 누구나 순간 말문이 막힐 것입니다. 어떤 질문을 받아도 당황하지 않도록 면접 상황을 머릿속에 계속적으로 떠올리거나 가족끼리도 역할을 만들어 모의면접을 반복한다면, 실제 면접장에서는 부담을 덜 느끼게 될 것입니다. 특히, 인성면접이나 심층면접은 자신이 제출한 학생부나 자기소개서를 중심으로 면접문항을 출제하는 경향이 있습니다. 그러니 수험생이 준비한 자기소개서를 중심으로 부모와 모의면접을 연습한다면, 실제 상황에 적응력을 높이는 연습을 할 수 있습니다. 즉, 모의면접을 함으로써 긴장 상황에 자신을 반복적으로 노출시킬 필요가 있습니다.

면접 대기실에서 면접장으로 이동하여 면접자들에게 인사를 하고 앉은 후 오갈 법한 질문들을 머릿속으로 떠올리며 자신의 몸짓과 어투 등을 계속 다듬어 나간다면, 실제 상황에서도 당황하지 않고 잘 헤쳐 나갈 수 있을 것입니다.

법령 사항에 따른 대학 구분

　　수험생이 주로 접하는 대학은 고등교육법에 따라 설립한 대학들입니다. 이 대학들은 한국대학교육협의회(http://www.kcue.or.kr)나 한국전문대학교육협의회(http://www.kcce.or.kr)에 회원으로 가입되어 있습니다. 물론, 특별법에 따라 설립했으나 대학 운영 사항과 관련된 협의체에 가입한 대학들도 일부 있습니다. 각 웹사이트에서 협의체에 가입한 대학 명단을 확인할 수 있습니다.

　　고등교육법에 정한 바에 따라 설립한 학교협의체는 대입과 관련된 기본사항을 공표하고 회원대학은 이를 필히 준수해야 합니다.

<u>고등교육법 제34조의5(대학입학 전형계획의 공표)</u>

① 제10조에 따른 학교협의체는 매 입학연도의 2년 전 학년도가 개시되는 날의 6개월 전까지 입학전형에 관한 기본사항(이하 "대학입학전형기본사항"이라 한다)을 공표하여야 한다.

② 제34조제1항에 따른 대학의 장은 일반전형 및 특별전형을 공정하게 시행하고 응시생에게 입학에 대한 정보를 제공하기 위하여 매 입학연도의 전 학년도가 개시되는 날의 10개월 전까지 대학입학전형시행계획(입학전형 자료별 반영 비율을 포함한다)을 수립하여 공표하여야 한다. 이 경우 대학의 장은 대학입학전형기본사항을 준수하여야 한다.

③ 제1항 및 제2항에도 불구하고 대통령령으로 정하는 학교협의체와 대학에 대하여 대통령령으로 정하는 바에 따라 대학입학전형기본사항과 대학입학전형시행계획의 공표 시기를 달리 정할 수 있다.

④ 제1항 및 제3항에 따라 대학입학전형기본사항을 공표한 학교협의체와 제2항 및 제3항에 따라 대학입학전형시행계획을 공표한 대학의 장은 공표한 대학입학전형기본사항과 대학입학전형시행계획을 변경하여서는 아니 된다. 다만, 관계 법령의 제정·개정 등 대통령령으로 정하는 사유가 있는 경우에는 대통령령으로 정하는 바에 따라 대학입학전형기본사항이나 대학입학전형시행계획을 변경할 수 있다.

하지만 고등교육법에 따라 설립한 대학이 아닌 특별법에 따라 설립한 대학은 대학입학전형기본사항을 반드시 준수할 의무는 없습니다. 이에 대학입학전형기본사항에서 정한 복수지원과 이중등록 금지 원칙들이 적용되지 않습니다. 예를 들어, 3군 사관학교, 광주과기원, 경찰대학, 대구과기원, 카이스트, 한국예술종합학교 등이 이 특별법에 따라 설립한 대학으로, 대학입학전형기본사항을 준수할 의무는 없습니다.

대부분의 대학이 대학입학전형기본사항에 따라 대입과 관련된 사항들을 준수하고 있으나, 특별법에 따라 설립한 대학은 대입과 관련된 운영 방법이 다소 다릅니다. 따라서 특별법에 따라 설립한 대학에 지원할 때는 대학별 모집요강에서 세부적인 운영 방법을 반드시 확인한 후 지원하기 바랍니다.

3,000개가 넘는 대학입학전형을 단 하나로 정리하라!

3부

정원외 전형 :
제도적으로 주어진
또 하나의 기회

농어촌학생 특별전형 : 입학정원의 4% 이내

1.1 전형의 원칙 소개

■ 대학입학전형기본사항

□ 자격 기준

○ 법령상 지원자격

- 「고등교육법시행령」 제29조제2항제14호에 따라 고등교육을 받을 기회를 균등하게 제공하기 위하여 소득·지역 등의 차이를 고려하여 선발할 필요가 있는 사람으로서, 다음 각 목에 해당하는 사람

  가. 학교의 장이 정하는 농어촌 지역 또는 「도서·벽지교육진흥법」 제2조에 따른 도서·벽지의 학생

○ 수험생 집단의 특성을 고려하여 학교 소재지·재학 기간·학생 거주지·거주 기간 등 최소한의 자격 기준을 「대학입학전형관리위원회」의 심의를 거쳐 대학이 자율적으로 결정하고 모집요강에 명시함

○ 농어촌학생 특별전형은 ① 학생 본인이 농어촌 소재지 학교에서 중학교 입학 시부터 고등학교 졸업 시까지 교육 과정을 이수할 것과 동시에 본인 및 부모가 농어촌 지역에 거주할 것을 요구하는 유형(유형 I)과 ② 학생 본인만 농어촌 소재지 학교에서 초·중·고 전 교육 과정을 이수 및 거주할 것을 요구하는 유형(유형II)으로 구분됨

• 지원자격은 연속된 연수만을 인정함

○ 제출 서류 보완 및 의무화

• 지원자격 확인서, 농어촌학교 재학사실 확인서, 중·고등학교 학교생활기록부

• 지원자 및 부모의 주민등록초본(접수 마감일을 기준으로 최근 1개월 이내에 발급된 것으로 주소 이전 이력 전체가 기재된 것)

• 가족관계증명서(이혼가정의 경우 부 또는 모의 혼인관계증명서, 지원자 본인의 기본 증명서를 추가로 제출하여야 함)

  − 위의 서류로 가족 관계를 확인하기 어려운 경우 부(또는 모) 제적등본 등의 서류를 추가로 제출

• 이 밖에도 부와 모의 거주지 및 거주 기간 등을 확인하기 위해 추가 서류 제출을 요구할 수 있음

○ 검증 내실화

- 서류 검증을 내실화해야 하며, 아래에 해당하는 경우 서류 재확인 및 추가 서류 검토 등을 통해 농어촌 특별전형 취지에 부합하는지 여부를 확인해야 함

- 학생의 중·고등학교 입학 전후로 학생 및 부모의 거주지 주소가 변경된 경우
- 학생 및 부모의 거주지가 농어촌 지역으로 되어 있으나, 부모의 직장 소재지가 도시 지역인 경우(출·퇴근 가능 여부 등 점검)
- 학생의 형제나 자매가 학생과 주민등록 주소지를 달리하는 경우 등

□ 농어촌 지역 설정

○ 「지방자치법」 제3조에 따른 읍·면 지역 및 「도서·벽지교육진흥법 시행규칙」 제2조에 따른 도서·벽지 지역을 원칙으로 하되,

- 농가 인구 비율, 인구 규모, 도시화의 진행 수준, 대도시로의 접근성 등의 교육 여건을 반영하여 실질적으로 교육 여건이 미비한 지역의 학생이 선발될 수 있도록 유의함

  - 단, 대학의 판단에 따라 지원자격에 반영하지 않고, 선발 과정에서 '교육환경'을 판단하는 근거로 활용하는 것도 가능함
  - 행정구역 개편에 따라 '읍·면' 지역에서 '시' 지역으로 개편되는 경우, 선의의 피해자가 발생하지 않도록 행정 개편 대상 지역의 유예 기간 등을 고려하여 농어촌 지역 설정

■ 전형의 소개

농어촌학생 특별전형은 상대적으로 교육 여건이 열악한 농어촌학생의 대학 진학 기회를 확대하고자 입학정원의 4% 이내에서 대학의 장이 정하는 농어촌 지역의 학생을 선발하는 전형으로 1996학년도부터 도입했습니다. 변천 과정을 살펴보면 다음과 같습니다.

1997학년도부터는 대상 지역을 대학이 자율적으로 정하도록 했고 모집인원을 3%까지 확대했습니다. 농어촌학생 특별전형 대상 지역을 대학이 자율적으로 정하도록 한 것은 다음과 같은 이유에서입니다. 농어촌학생 특별전형제도의 도입 취지에 맞춰 교육 여건이 열악한 지역에 사는 학생들의 배려가 필요했습니다. 또 동일한 지역 안에서도 생활 여건과 산업 구조가 농어촌에 속하는 지역이 많아 광범위한 예외 인정이 불가피했기 때문입니다.

1998학년도부터는 대상 지역을 도시와 농촌이 복합된 지역까지 확대했고, 교육 여건이 상대적으로 열악한 지역은 대학의 자치적인 판단에 따라 확대를 권장했습니다. 낙후된 시 지역은 교육 특례 지역으로 지정하는 방안 등을 검토하면서 당시 행정안전부가 정한 신활력(낙후) 지역의 자료를 대학에 통보했습니다. 이 자료를 바탕으로 대학에서는 신활력 지역도 농어촌학생 특별전형 대상 지역에 포함시켰습니다.

2006학년도부터는 선발인원 상한을 모집인원의 4%까지 확대했습니다. 대학의 장이 신활력 지역을 농어촌학생 특별전형 대상 지역으로 선정할 때는 농림어업종사 가구 비율, 농지 비율 등 지방자치단체의 객관적인 근거 자료를 활용하도록 권고했습니다. 신활력 지역으로 선정되었다는 것만으로 지원자격을 부여하지 않도록 조정했습니다.

이후 감사원이 정원외 특별전형을 감사한 결과, 각 정원외 특별전형의 지원자격과 제출 서류 등을 악용한 사례들이 밝혀져 논란이 일자 2016학년도부터는 지원자격 기준을 강화했습니다. 기존의 지원자격은 '입학부터 졸업까지 농어촌 지역의 고등학교에서 학업을 이수하고 학생 및 부모가 농어촌 지역에 거주'하거나 '학생이 초·중·고 전 교육 과정을 농어촌 지역에서 이수하고 거주'였습니다. 그것이 '중학교 입학부터 고등학교 졸업까지 농어촌 지역의 중·고교에서 학업을 이수하고 학생 및 부모가 농어촌 지역에 거주'하거나 '학생이 초·중·고 전 교육 과정을 농어촌 지역에서 이수하고 거주'하는 것으로 강화되었습니다.

사실 농어촌학생 특별전형에서는 의견이 분분합니다. 농어촌 지역을 선정할 때 이미 도시화된 읍·면 지역까지 포함한다는 것, 현재 입학정원 대비 4%까지 선발할 수 있는 선발 상한 조건을 조정해야 한다는 것 등입니다. 최근 학력 인구가 점차 감소하는 추세라 각자의 입장과 상황에 따라 의견이 상이합니다. 향후 대학입학전형기본사항을 수립할 때 이런 다양한 의견을 취합하여 전형을 개선하고 현재 상황에 맞는 적절한 기준을 마련해야 할 것입니다.

1.2 대학별 전형의 특징

농어촌학생 특별전형 지원자격은 고등교육법시행령 제29조제2항에 정한 범위 내에서 대학이 자율적으로 정합니다. 하지만 주요 지원자격인 학생의 농어촌 지역 학교 재학 기간, 학생의 농어촌 지역 거주 기간, 부모의 농어촌 지역 거주 기간이 대학마다 각기 다릅니다.

2016학년도 이전 대학입학전형기본사항에서는 '① 학생 본인이 농어촌 소재지 학교에서 일정 기간 이상 교육 과정을 이수할 것과 함께 본인 및 부모가 농어촌 지역에 일정 기간 이상 거주할 것을 요구하는 유형(유형 I)'과 '② 학생 본인만 농어촌 소재지 학교에서 일정 기간 이상 교육 과정을 이수할 것을 요구하는 유형(유형II)'으로 지원자격을 안내해 왔습니다. 대부분의 대학에서 유형I은 고등학교 입학부터 졸업까지를 기준으로, 유형II는 초·중·고 전 교육 과정 기간을 기준으로 운영했습니다. 2016학년도부터는 '① 학생 본인이 농어촌 소재지 학교에서 중학교 입학 시부터 고등학교 졸업 시까지 교육 과정을 이수할 것과 동시에 본인 및 부모가 농어촌 지역에 거주할 것을 요구하는 유형(유형I)'과 '② 학생 본인만 농어촌 소재지 학교에서 초·중·고 전 교육 과정을 이수 및 거주할 것을 요구하는 유형(유형II)'으로 지원자격이 강화되었습니다.

대다수 대학에서는 과학고나 외국어고등학교와 같은 특수 목적 고등학교 졸업자에게는 농어촌학생 특별전형 지원자격을 부여하지 않습니다. 일부 대학에서는 신활력 지역이나 농어촌 지역으로 인정하여 지원자격을 부여하기도 합니다. 이외에도 세부적인 지원자격과 제출 서류가 대학별로 다르므로 수험생은 반드시 모집요강을 확인한 후 지원해야 합니다.

농어촌학생 특별전형의 전형요소 특징을 살펴보면 다음과 같습니다.

수시모집에서는 학생부 위주(교과) 또는 학생부 위주(종합) 전형으로 운영하고, 정시모집에서는 수능 위주 전형을 운영합니다. 대개는 각 대학마다 운영하는 일반전형과 동일하거나 유사한 전형요소를 운영하며, 농어촌학생 특별전형만 별도로 운영하는 대학은 많지 않습니다. 즉, 일반전형에서 전형요소로 활용하는 학교생활기록부와 대학수학능력시험을 농어촌학생 특별전형에도 동일하게 적용합니다.

입학사정관전형 : 전형의 발전 방향을 파악하라

현재는 학생부 위주 종합전형으로 명칭이 변경된 입학사정관전형의 목표는 고교교육 정상화와 우수 학생을 선발하도록 대학의 자율성을 확보하는 것입니다. 2004년 발표한 '학교교육 정상화를 위한 2008학년도 이후 대학입학제도 개선안'에서 처음 언급한 이후 2008학년도에 10개 대학에서 시범 운영한 것을 시작으로 현재까지 운영하고 있습니다.

2004년에 처음 언급된 입학사정관제는 대학입학제도의 선진화를 꾀하려고 국가 차원에서 지원을 확산하고 노력을 기울인 결과, 현재는 가장 대표적인 수시모집 전형으로 자리 잡았습니다.

입학사정관제의 도입 전제는 고등교육의 경쟁력 강화는 대학입시 정책에서부터 시작한다는 것입니다. 그것은 대학에 입학하는 학생들을 어떤 방법과 기준, 철학으로 선발하고, 장차 학생들이 어떤 역량을 발휘하여 대학의 역량과 사회의 역량을 높이는 데 공헌하게 할 것인지 문제로 귀결됩니다. 이런 관점에서 보면 입학사정관제는 대학의 학생 선발권을 강화하는 동시에 공교육을 정상화할 수 있는 선진형 대입전형입니다.

입학사정관전형을 처음 도입할 당시에는 여러 우려를 낳았습니다. 공정한 평가와 입학사정관들의 신뢰문제 등 적잖은 잡음이 일었으나,

지속적으로 발전하여 현재는 확고하게 자리매김을 했습니다. 현재 입학사정관전형과 입학사정관은 우리나라의 대학입학제도 전반에 큰 영향을 미치고 있습니다.

하지만 여전히 입학사정관전형에는 많은 과제가 있습니다. 각 대학별 학교 인재상을 반영하여 차별화된 인재를 선발해 내는 방법 연구, 사교육에서 학습한 능력이나 서류가 아닌 진정한 잠재력을 지닌 학생을 구별해 내는 전형 절차의 연구 등이 그것입니다. 앞으로 건강하고 우수한 전형을 계속 연구해서 각자가 지닌 역량을 바탕으로 평가하고 인정받는 사회문화를 대입전형 정책으로 구축해 나갈 수 있기를 바랍니다.

2

특성화고교 졸업자 특별전형 :
입학정원의 1.5% 이내

2.1 전형의 원칙 소개

■ 대학입학전형기본사항

□ 자격 기준

○ 법령상 지원자격

• 「고등교육법시행령」 제29조제2항제14호에 따라 고등교육을 받을 기
회를 균등하게 제공하기 위하여 소득·지역 등의 차이를 고려하여
선발할 필요가 있는 사람으로서, 다음 각 목에 해당하는 사람

나. 「초·중등교육법시행령」 제91조제1항에 따른 특성화고등학교 중
자연현장실습 등 체험 위주의 교육을 전문으로 실시하는 고등
학교를 제외한 학교(「초·중등교육법시행령」 제76조의2제1호에 따른

일반 고등학교에 설치된 학과 중 특성화고등학교에서 제공하는 것과 같
은 교육 과정으로 운영되는 학과를 포함한다. 이하 "특성화고등학교
등"이라 한다)의 졸업자(법 제2조제1호·제2호·제4호 및 제6호에 따른
학교에 입학하는 경우로서 해당 학교의 장이 졸업자가 이수한 학과와
동일 계열이라고 인정하는 모집단위만 해당한다)

○ 특성화고등학교 졸업자(2018년 2월 졸업예정자 및 그 이전 졸업자 포함)를
대상으로 함

> 여기에서 특성화고등학교는 특성화고교 및 특성화고교와 같
> 은 교육 과정을 운영하는 학과가 있는 일반고(종합고)를 의미함

- 2015학년도부터 산업 수요 맞춤형 고등학교(마이스터고등학교) 졸업
  생은 특성화고교 졸업자 특별전형 대상에서 제외됨

○ 「고등교육법」 제2조제1호·제2호·제4호 및 제6호의 규정에 따른 학교
에 입학하는 경우로서 해당 학교의 장이 특성화고등학교에 설치된
학과와 동일 계열이라고 인정하는 모집단위에 한함

※ 특성화 고등학교에 설치된 학과와 동일 계열이 아닌 모집단위에
서 특성화고교 졸업자 특별전형을 운영하지 않도록 유의

□ 운영 기준

○ 동일 계열 인정은 시·도교육청에서 제공하는 '특성화고등학교 학과
별 기준학과' 정보를 참고하여, 대학의 장이 모집단위별 학문 특성과

고교의 교육 과정을 고려하여 동일 계열인 '기준학과'를 모집요강에 명시(단, 동일 계열인 기준학과가 모집요강에 명시되어 있지 않더라도 특성화 고등학교에서 이수한 교과목이 해당 모집단위와 관련된 전문교과를 30단위 이상 이수한 경우에는 지원 가능함)

〈특성화고교 특별전형의 동일 계열 운영 방안 모형〉

┌ 고교가 학과별 기준학과 설정 ┐   ┌ 대학이 기준학과별 지원 가능 모집단위 설정 ┐

특성화고교	학과명	교육 과정의 기준학과명	모집단위명	대학
A고	디지털정보처리과	경영정보과	경영학과	D대
B고	영상미디어과	영상제작과	미디어학과, 영상정보과	E대
C고	건축설비과	건축과	건축과, 토목과	F대

○ 특성화고교 특별전형 심의 시 동일 계열 확인을 위하여 교육 과정, 이수 학점 등을 검토하기 위한 '전공적합성'을 심사 항목에 포함하여 심의함

• 대학은 동일 계열 심의 시, 시·도교육청에서 제공하는 '특성화고 등학교 학과별 기준학과' 정보를 참고하여 대학 모집단위에 적합한 기준학과를 지정해야 함. 특성화고등학교의 기준학과가 대학이 제시하는 기준학과와 다르더라도 대학의 모집단위와 관련된 전문교 과를 30단위 이상 이수한 경우에는 인정 가능(특성화고등학교는 1개 학과에 대하여 최대 2개의 기준학과를 제시할 수 있음)

이번에 살펴볼 전형은 특성화고교 졸업자 특별전형입니다. 특성화고교 졸업자 특별전형은 2004학년도 대학입학전형부터 적용되었습니다. 도입 당시 명칭은 '동일 계열 정원외 특별전형'으로, 도입 당시 실업계 고등학교 출신 학생들이 동일 계열에 진학하는 경우 대학이 모집정원의 3%에서 정원외 특별전형으로 선발할 수 있는 제도였습니다.

동일 계열 정원외 특별전형을 도입한 배경은 다음과 같습니다. 첫째, 실업계 고등학교교육의 계속교육 필요에 따라 도입되었습니다. 2001년 12월 21일 발표한 '국가인적자원개발 기본계획'에서는 실업계 고등학교의 다양화 및 운영의 자율화와 함께 실업계 고등학교교육의 계속교육 체제 구축으로 종국교육기관이 정책을 전환하라고 명시되어 있습니다. 둘째, 실업교육을 발전시키라는 실업계 고등학교 및 수요자, 기업체 등의 수요 집단의 요구가 증대되었습니다.

동일 계열 정원외 특별전형을 도입한 당시의 지원자격을 살펴보면 다음과 같습니다. "이 제도의 설립 취지에 따라 실업계 고등학교를 졸업한 자 또는 졸업예정한 자로 실업계 고등학교에 입학하여 3년 동안 정상적인 전공 교육 과정을 이수하고 해당 전공교과목 82단위 이상 이수한 자"

하지만 해당 동일 계열을 인정하는 과정에서 불합리한 점들이 계속 발생하면서 현재는 기준학과에 따라 동일 계열을 인정하는 방식으로 변했습니다. 모집인원 또한 2015학년도부터는 정원외 1.5%까지 선발 가능하도록 축소되었습니다.

해당 전형의 문제점은 다음과 같습니다. 첫째, 대학에 진학한 특성화고교 출신자의 학업 수학 능력이 부족하여 중도 탈락하는 비율이 높습니다. 이 문제는 다른 정원외 특별전형에서도 나타나는 현상입니다. 아마도 대학에서 요구하는 학업 수준의 교육을 이수하지 못하고 진학할 때가 많아서 이런 문제가 발생하는 듯합니다. 이에 해당 전형을 지원한 학생들을 대상으로 개인별 맞춤교육이나 기초교육과 같은 특별교육 과정을 마련한 대학도 있습니다.

둘째, 특성화고교가 직업교육기관이라는 본래의 취지와 달리 대학에 입학하는 수단으로 변질되었습니다. 해당 전형을 도입했던 당시에는 특성화고교 졸업자 중 소수의 학생만 이 특별전형으로 대학에 입학했습니다. 그러나 현재 특성화고교 졸업자 중 상당수가 대입을 준비하고 있으며, 본래의 특성화고교 설립 취지와는 다른 목적으로 운영합니다.

이런 문제점 때문에 한때는 특성화고교 졸업자 특별전형을 폐지해야 한다는 여론이 들끓었습니다. 물론, 특성화고교 수험생 및 학부모, 관련자의 반발로 폐지되지는 않았습니다. 아직은 사회적 분위기상 고교 졸업자가 취업 시장에서 좋은 일자리를 얻기는 어려우므로 특성화고교 졸업자에게도 대학에서 전문 능력을 키울 수 있는 기회를 동등하게 주어야 합니다. 특성화고교 졸업자 특별전형과 관련된 문제들은 표면적으로 특성화고교 학생들의 대입 문제이지만, 그 이면에는 우리 교육계가 지닌 본질적인 문제들이 담겨 있다고 생각합니다. 이런 점에서 이 전형을 폐지하자는 담론은 조심스럽게 다루어야 할 것입니다.

모집단위 : 모집단위별 선발인원을 파악하라

지난 학년도 대입을 진행할 때, 해외에 소재한 한국국제학교에서 전화를 한 통 받았습니다. 해당 학교에서 가장 우수한 학생과 중위권 이하의 학생이 동시에 한 대학을 지원했는데, 우수한 학생은 탈락하고 중위권 이하의 학생은 추가합격으로 선발되었다며 해당 대학을 신뢰할 수 없다는 것이었습니다. 좁은 교민 사회에서 해당 대학의 불신감이 커져 학부모의 마음이 편치 않다고 했습니다.

그 학생들의 지원학과를 확인한 필자는 왜 그런 현상이 발생했는지 이유를 알 수 있었습니다. 다수의 학과를 묶어 선발인원을 배정하는 특징 때문이었습니다. 이런 특징은 재외국민이나 외국인 특별전형에만 적용되는 것은 아닙니다. 이런 특징을 일반전형에도 적용하는 대학도 있으므로 수험생은 반드시 모집요강에 명시된 모집학과별 또는 모집단위별 선발인원을 꼼꼼히 확인해야 합니다.

일반적인 전형들의 모집요강에서는 각 모집학과별로 대학에서 정한 선발인원을 배정할 때가 많습니다. 하지만 일부 대학의 재외국민과 외국인 특별전형 모집요강을 살펴보면, 학부별로 모집단위를 묶어서 선발하거나 몇 개의 모집단위를 묶어서 선발합니다. 이런 전형은 개별 학과별로 경쟁률이 발생하는 구조가 아닙니다. 모집단위 묶음으로 경쟁률이 발생하지만, 모집단위별 10%가 넘지 않는 선에서 자신이 지원한 학과에 합격할 수 있습니다. 이를 이른바 통사정 또는 통모집이라고 하는데, 많은 학부모가 이런 세부 사항들을 자세히 확인하지 않은 채 가장 경쟁률이 낮은 모집단위에 지원합니다.

앞의 사례를 좀 더 자세히 설명하면, 가장 우수한 학생은 우수한 학생을 선발하기로 유명한 특수한 학과에 지원했고 중위권 이하의 학생은 일반 학과들로 구성된 모집단위 중 하나에 지원했습니다. 물론, 두 학생이 지원한 모집학과의 경쟁률은 서로 달랐습니다. 가장 우수한 학생은 대학에서 몇 명 선발하지 않는 특수한 학과에 지원했기에 상대적으로 매우 경쟁률이 높았던 것이고, 중위권 이하의 학생은 다수의 학생을 선발하는 학과들로 구성된 모집단위에 지원했기에 경쟁률이 낮았던 것입니다.

거듭 이야기하지만 이런 내용은 모두 모집요강에 안내되어 있습니다. 지원하려는 대학의 모집요강은 학부모와 수험생이 확인하고 또 확인해야 할 대입의 기본임을 잊지 마세요.

특성화고교 등을 졸업한 재직자 특별전형 :
제한 없음

3.1 전형의 원칙 소개

■ 대학입학전형기본사항

□ 자격 기준

○ 법령상 지원자격

• 「고등교육법시행령」 제29조제2항제14호에 따라 고등교육을 받을 기회를 균등하게 제공하기 위하여 소득·지역 등의 차이를 고려하여 선발할 필요가 있는 사람으로서, 다음 각 목에 해당하는 사람

다. 다음의 어느 하나에 해당하는 사람으로서 산업체 근무 경력이 3년 이상인 재직자(법 제2조제1호·제2호·제4호 및 제6호에 따른 학

교에 입학하는 경우에 한정한다)

1) 「초·중등교육법시행령」 제76조의2제1호에 따른 일반 고등학교
에 재학하는 동안 시·도 교육감이 「직업교육훈련촉진법」에 따
른 직업교육훈련기관 중 직업교육훈련위탁기관으로 선정한 기
관에서 1년 이상의 직업교육 훈련 과정을 이수하고 해당 일반
고등학교를 졸업한 사람

2) 「초·중등교육법시행령」 제90조제1항제10호에 따른 산업 수요
맞춤형 고등학교를 졸업한 사람

3) 특성화고등학교 등을 졸업한 사람

4) 「평생교육법」 제31조제2항에 따른 학력 인정 평생교육 시설 중
특성화고등학교 등에서 제공하는 것과 같은 교육 과정을 운영
하는 평생교육 시설에서 해당 교육 과정을 이수한 사람

□ 운영 기준 및 방법

○ 산업체 재직자를 위한 모집단위 신설이 원칙이나, 기존 학과에 별도·
혼합반 편성 및 운영이 가능함. 다만, 산업체 근로자가 일과 학업을
병행할 수 있도록 교육 여건 및 수업 방식 등을 재직자 맞춤형으로
개편하여 특별 프로그램(야간·주말 과정, 사이버 과정 등)을 개발·운영
할 것(보건·의료 및 교원 양성 관련 학과 제외)

• 군 의무복무 경력은 재직 기간에 포함할 수 있음

■ **전형의 소개**

여기서 살펴볼 특성화고교 등을 졸업한 재직자 특별전형은 특성화고교, 마이스터고교 졸업생의 선취업 후진학을 활성화하려는 제도입니다. 특성화고교 및 마이스터고교 졸업자가 3년 이상 산업체에 재직한 경우 지원을 허용합니다. 이는 특성화고교 및 마이스터고교를 졸업한 후 산업체에 입사한 재직자가 자신의 능력을 개발하려는 학습 욕구 충족과 선순환적인 선취업 후진학 체계 구축, 일과 학습을 병행하여 이론과 실무를 겸비한 해당 분야 전문가 양성 등을 목적으로 도입했습니다.

선취업 후진학 지원제도로서 특성화고교 등을 졸업한 재직자 특별전형은 지난 10월 고등교육법시행령 제29조제14호로 도입하여 각 대학에서는 2010학년도부터 해당 전형으로 학생을 선발했습니다.

제도의 기본 방향은 계약학과 및 산업체 위탁교육 등 기존 제도와 차별화하고 일과 학습을 연계할 수 있도록 대학과 전문대학의 여건을 조성하는 것이었습니다. 기존 제도가 산업체 맞춤형 수요에 부응하는 것이라면, 특성화고교 등을 졸업한 재직자 특별전형은 개인의 능력 개발 학습 욕구에 부응하는 것이었습니다.

3.2 대학별 전형의 특징

특성화고교 등을 졸업한 재직자 특별전형에서 규정하는 설치 및 운영 대상 학교, 산업체 범위, 학생 선발 기준 및 방법, 운영 기준 등을 살펴보면 다음과 같습니다.

첫째, 특성화고교 등을 졸업한 재직자 특별전형의 설치 및 운영 대상 학교와 관련하여 고등교육법 제2조에 따라 고등교육기관에 해당하는 기관에서는 제도를 도입할 수 있습니다. 그러나 제도의 특성 및 취지에 따라 우선적으로 대학, 산업대학, 전문대학이 운영할 수 있게 했습니다. 원격대학은 기본적으로 재직근로자가 쉽게 접근할 수 있기 때문에 별도로 제도의 대상 학교 유형으로 포함하지 않았습니다.

둘째, 지원자격 및 학생 선발 기준 등과 관련하여 특성화고교 등을 졸업한 재직자 특별전형의 대상은 고등교육법시행령에서 정한 특성화고교 및 마이스터고교 졸업자이면서 산업체 재직 경력 3년 이상이 되는 재직근로자입니다. 여기서 실질적인 대상자의 요건을 파악하는 데 산업체와 재직자의 범위를 어떻게 설정하는지가 중요합니다. 특성화고교 등을 졸업한 재직자 특별전형에서 산업체란 특성화고교 및 마이스터고교 졸업생이 취업하는 모든 분야의 산업체가 포함됩니다. 구체적으로 국가·지방자치단체 및 공공단체, 근로기준법 제11조에 의거한 상시근로자 5인(사업주 포함) 이상 사업체, 4대보험 중 1개 이상에 가입한 사업체 등이 해당됩니다. 또 재직자란 정규직, 계약직, 임시직, 일용직 등 산업체에 근무하는 다양한 형태의 재직자로, 4대보험 중 1개 이상 가입한 공적증명서 확인이 가능한 자로 그 범위가 설정되어 있습니다. 이에 따라 4대보험 가입 대상 사업체가 아닌 산업체 종사자는 국가·지방자치단체가 발급한 증명서를 이용하여 확인을 받도록 되어 있습니다. 4대보험에 미가입한 영세창업·자영업자는 사업자등록증과 납세증명서 등 국가·지방자치단체가 발급한 증명서를 이용하여 확인을 받도록 되어 있습니다.

따라서 특성화고교 및 마이스터고교를 졸업하고 어떠한 형태로든지 3년 이상의 경제 활동을 수행한 사람이라면 누구나 특성화고교 등을 졸업한 재직자 특별전형으로 대학에 응시할 수 있습니다. 재직 기간을 산정할 때 기준일은 입학일을 원칙으로 하고 있습니다. 하지만 대학의 장이 별도로 정하여 대학의 여건에 맞게 조정할 수 있고, 재직 경력은 산업체의 범위에서 정한 산업체 경력을 대상으로 년, 월, 일까지 계산하여 합산 및 계수합니다. 학생 선발 방법은 각 대학별로 대학 및 모집단위의 특성을 감안하여 객관적으로 공정한 기준에 따라 선정하게 하므로 반드시 모집요강의 구체적인 전형요소 및 선발 방법을 확인한 후 지원하도록 합니다.

해당 전형을 도입했던 당시에는 기본적으로 고등교육의 질을 담보하면서도 교육 여건 및 수업 방식에서 산업체 재직자의 근무손실을 내실화할 수 있도록 재직근로자를 위한 별도의 반을 개설하도록 권장했습니다. 이에 따라 학교마다 자체적으로 정원을 조정하여 재직자 모집단위를 신설하는 것이 원칙이었습니다. 그러나 고등교육법시행령 제28조제3항과 관련된 학과, 즉 보건·의료 및 교원 양성 관련 학과는 원칙적으로 모집할 수 없었습니다. 현재 일부 대학에서는 재직근로자들을 위한 모집단위를 신설하지 않고, 기존 학과에 재직자 교육 과정을 별도로 구성하여 하위 모집단위를 운영하기도 합니다.

선취업 후진학 취지에 따라 많은 대학에서 해당 전형을 신설했음에도 지원하는 인원이 적어 모집요강에서 명시한 인원에 미달하는 대학이 많습니다. 특성화고교 등을 졸업한 재직자 특별전형 초기에 도입한 취지를 살리면서 향후 사회적 인정을 토대로 선취업 후진학 체제 구축에 기여하는 제도적 차원의 지속적인 지원과 관리가 필요합니다.

예치금 : 미리 고민하고 똑똑하게 선택하라

수시모집의 합격자는 한 대학에만 예치금을 납부해야 합니다. 이것은 대학에 지원하는 모든 수험생이 지키기로 한 공동의 약속입니다. 가끔 이 약속을 지키지 않아 다른 수험생에게 피해를 주는 경우가 발생하여 매우 안타깝습니다.

두 대학에 예치금을 납부하면 진짜로 모두 합격이 취소되느냐, 한 대학에만 예치금을 납부하도록 선택을 종용하는 것이 수험생에게는 너무 가혹한 처사가 아니냐는 학부모의 질문이 많습니다.

이런 질문에 대입과 관련된 업무를 해 왔던 필자 입장에서는 조금 냉정하게 대답할 수 있습니다. 대학을 선택하는 결정은 언젠가는 해야 하며, 한 대학에만 예치금을 납부하기로 한 약속은 다른 수험생에게도 합격의 기회가 돌아갈 수 있게 하는 최소한의 약속이므로 반드시 지켜야 한다고 말입니다.

학부모와 수험생은 대학에 지원하기 전에 충분히 고민한 후 수시모집에서 꼭 가고 싶은 대학의 순위를 정하는 것이 좋습니다. 이런 고민 과정이 없으면 동시에 여러 대학에 합격했을 때 우왕좌왕하면서 쉽게 결정을 내리지 못합니다. '선택'과 '책임', '규율'을 지키는 연습은 우리 모두가 배워 나가야 할 것입니다.

　　고민하는 과정에서 학부모는 수험생을 아이처럼 대하지 말아야 합니다. 선택해 가는 과정에서도 배울 것이 많습니다. 원서접수를 할 때는 꼭 수험생과 많은 대화를 나눠 가고 싶은 대학의 순위를 정할 수 있도록 이끌어 주세요.

장애인 등 대상자 특별전형 : 제한 없음

4.1. 전형의 원칙 소개

■ 대학입학전형기본사항

□ 자격 기준

○ 법령상 지원자격

- 「고등교육법시행령」 제29조제2항제4호에 따라 각종 장애 또는 지체로 인하여 특별한 교육적 요구가 있는 자로서 대학의 장이 정하는 자

- 단, 수험생의 장애 정도에 따라 합리적인 자격 기준을 대학 내 「대학입학전형관리위원회」의 심의를 거쳐 정해야 하며, 특정 학과나 특정 장애 유형에 한정하여 지원자격을 제한하지 않도록 하고, 장

애인 특별전형 취지에 부합하는 평가 요소 및 평가 방법(장애의 정
도, 교육환경 등 고려) 등을 도입하여 중중 장애학생 등이 선발에서
배제되는 일이 없도록 운영함
- 기타 「장애인복지법」에 이중 등록되지 않는 「국가유공자 등 예우
및 지원에 관한 법률」 제4조 등에 의한 상이등급자(국가보훈처 등록)
도 대상자로 정함
※ 검정고시 출신자 및 고교 졸업 동등 학력자를 지원자격상에서
제한할 수 없음

■ 전형의 소개

  몸이 다소 불편한 장애학생들을 배려하고자 대입에서 정원외 기회를
부여하여 선발하는 전형이 '장애인 등 대상자 특별전형'입니다. 장애인
등 대상자 특별전형은 1989년 대통령 직속 기구인 장애자복지대책위원
회에서 고등교육기관에 일정 비율로 장애인의 정원외 입학을 허용하도록
건의한 것입니다. 그러나 장애인들의 반대에 부딪혀 시행하지 못했습니
다. 이후 대통령 공약 사항으로 장애인 교육 기회를 확대하는 방안의 하
나로 대학 진학문제가 다시 거론되었고, 1994년 1월 24일 교육부에서 장
애인 등 대상자의 정원외 입학제도 신설계획을 보고하면서 본격적인 논
의가 시작되었습니다. 1994년 8월 5일 교육부는 장애인 중 일정한 기준에
해당되는 사람은 대학에 정원외로 입학할 수 있다는 내용의 교육법시행

령과 대학학생정원령개정안을 입법 예고하여 본격적으로 제도적 장치를 마련했습니다.

이 제도는 1995학년도부터 시행했으며, 특수교육이 필요한 사람들에게도 국가가 고등교육의 기회를 평등하게 보장하고 그들의 상대적 소외감과 박탈감을 해소하는 제도라고 할 수 있습니다. 1995학년도부터 1998학년도까지 장애인복지법 제19조의 규정에 따라 "장애인 등록에 의거, 시각장애, 청각장애, 지체부자유(뇌성마비 포함) 등의 장애를 지닌 자로서 장애인 등 대상자로 선정되는 자는 대학의 장이 정하는 방법에 의거하여 입학이 가능"하도록 했습니다. 정원외 입학을 인정하여 장애인의 고등교육 기회를 보장하고 확대하는 발판을 마련한 것입니다.

1995학년도부터 1998학년도까지는 교육부 장관이 특별전형에 지원 가능한 대상자를 선정하다가 1999학년도부터는 대학의 장이 직접 선정하도록 했습니다. 1999학년도부터는 이전과 같이 시·도 교육감의 특수교육심사위원회를 거치지 않고 장애인 수첩 사본 등 대학이 요구하는 서류를 준비하여 대학의 장에게 직접 지원하는 방법으로 변경되었습니다. 장애인 등 대상자를 선정할 때 준비해야 할 서류가 복잡하고, 선정 절차가 8단계로 나눠져 번거로우며, 선정 기회를 놓치면 1년 동안 기다려야 하는 등 문제가 발생하자 이렇게 변경한 것입니다. 대학에 자율적으로 지원자격을 설정하는 선정권과 전형요소를 결정하는 입학권을 부여했기에 대학은 장애인을 선발하는 교육 철학을 깊이 있게 이해해야 할 것입니다.

4.2 대학별 전형의 특징

1995학년도에 처음으로 장애인 등 대상자 특별전형을 시행하면서 정한 지원자격[장애 유형을 청각장애, 시각장애, 지체부자유(뇌성마비 포함)]을 현재까지도 큰 변화 없이 운영하고 있습니다. 하지만 대학의 시설 미비와 학습환경이 좋지 않아 중증의 장애학생이 배려를 받아야 하는데도 경증의 장애학생이 더 배려를 받는 전형이 아니냐는 문제가 제기되고 있습니다. 게다가 매우 경미한 부상이나 장애로 장애 등급을 받은 학생도 해당 전형으로 입학 혜택을 받고 있어 우려를 낳기도 합니다. 대학에서는 장애학생들을 위한 편의 시설과 특화된 건물을 늘려 배우려는 열의가 있는 중증의 장애학생이 실질적으로 배려받을 수 있는 제도적인 차원의 구제책을 마련해야 할 것입니다.

충원합격 : 발표가 끝나는 날까지 확인하라

지난 학년도 대학입시에서 기억에 남는 사연이 하나 있습니다. 한 수험생이 수시모집에 합격한 사실을 알지 못해 예치금 납부 기간을 놓치는 바람에 결국 정시모집에도 지원하지 못하게 된 것입니다. 이런 사례는 매 학년도마다 발생합니다. 이것은 모집요강을 제대로 확인하지 않은 수험생의 과실이기에 구제할 방법이 전혀 없어 매우 안타깝습니다.

충원합격 여부를 모른 채 수시모집 예치금 납부 기간이 지난 이후 정시모집에 지원하면 대입 위반자로 등록되어 수시모집도 놓치고 정시모집 지원도 할 수 없습니다. 답답한 마음에 학부모는 각 기관과 대학을 찾아다니며 통사정을 해 보지만, 대입과 관련된 처리 기준상 구제 방안이 없습니다. 안타깝게도 이 경우 재수밖에는 방도가 없습니다.

대학별로 수시모집 충원합격자를 발표하는 방법이 다릅니다. 어떤 대학은 충원합격 발표 일정을 모집요강에 명시하지만 어떤 대학은 따로 개별적으로 연락을 합니다. 또 어떤 대학은 웹사이트에서만 충원합격자를 발표합니다. 그러니 지원하는 대학이 어떤 방법으로 충원합격자를 발표하는지 사전에 꼭 확인해야 합니다.

대학입학전형기본사항과 대학별 모집요강에는 수시모집 충원합격자 발표계획(일자별 충원 시간이나 방법, 개별 연락을 하지 않겠다는 내용 등) 또는 수시모집 예치금 미납자의 경우 정시모집 지원이 불가하다는 사항 등이 매우 구체적으로 기재되어 있습니다. 하지만 대다수 학부모와 수험생이 전형요소와 지원자격만 꼼꼼히 살피고 이 부분은 확인하지 않습니다.

모집요강은 계약서와 같습니다. 한 글자씩 꼼꼼하게 읽어서 불이익을 당하지 않도록 주의합니다.

재외국민과 외국인 특별전형 : 입학정원의 2% 이내

5.1 전형의 원칙 소개

■ 대학입학전형기본사항

□ 자격 기준

○ 법령상 지원자격

- 「고등교육법시행령」 제29조제2항제2호에 따른 재외국민 및 외국인

  (제6호와 제7호에 따른 재외국민 및 외국인을 제외한다)

- 「고등교육법시행령」 제29조제2항제6호에 따른 북한이탈주민 및 부

  모가 모두 외국인인 외국인

- 「고등교육법시행령」 제29조제2항제7호에 따른 외국에서 우리나라

초·중등교육에 상응하는 교육 과정을 전부 이수한 다음 각 목의
사람

가. 재외국민

나. 외국인

다. 「국적법」 제6조제2항에 따라 귀화 허가를 받은 사람

○ 법령상 지원자격 구분에 따른 세부 지원자격의 예

모집인원	법령 구분	세부 지원자격
입학정원 2% 이내 모집	「고등교육법시행령」 제29조제2항제2호	해외근무 또는 사업·영업을 목적으로 해외에 체류한 자
입학정원 제한 없이 모집	「고등교육법시행령」 제29조제2항제6호 및 제7호	외국에서 우리나라 초·중등교육에 상응하는 교육 과정을 전부 이수한 재외국민과 외국인 및 부모 모두 외국인인 외국인

○ 외국 거주로 인한 학교 급별 수학 결손 정도(외국학교 재학 기간) 등을
고려하여, 자격 기준을 「대학입학전형관리위원회」의 심의를 거쳐 결
정하고 모집요강에 명시함

• 해외학교 재학 기간, 자격 인정 기준 시점, 자격 기간 계산 기준, 지
원자격 인정 유효 기간, 외국의 학교와 외국의 학교교육 과정 인정
기준, 제3국 수학 인정 범위 등 최소한의 자격 기준 설정

재학 기간을 설정할 때, 외국인 학제 등을 고려하여 연도가 아닌 학기를 기준으로 설정하는 방안 권장(예 : 중·고 과정 연속 2~3년 이상, 해당 국가가 2학기제인 경우 중·고 과정 연속 4~6학기 이상, 3학기제 또는 쿼터제인 경우 중·고 과정 연속 6~9학기 또는 12학기 이상 등)

○ 부정·편법·악용 사례를 방지하기 위한 보완 대책을 강구하여야 함

- 부모·학생의 외국 거주의 적법성 및 직업의 특성에 따른 국가 기여도 등을 감안하여 부모의 직업과 거주 기간 등을 자격 기준으로 부가 설정하고, 모집요강에 기재된 자격 요건에 대한 심사 강화
- 대상자 간 형평을 유지하는 방향으로 자격 기준을 설정함

○ 부모의 해외근무 기간 허위 제출을 방지하기 위하여 출입국관리사무소를 통한 출입국사실증명서 검증 및 부모의 재직 기관에 해외근무 기간을 확인하는 절차를 권장함

- 대학 간 제출 서류의 위·변조 적발 사례 공유 등 상시 검증 체제를 구축하여 입학 후에라도 제출 서류의 위·변조 등이 확인되면 관계 법령 및 학칙 등에 따라 적절한 조치를 취하여야 함

○ 지원자격 편법 취득을 방지하기 위하여 국적 상실·취득 내용이 기록된 기본증명서 및 입양관계증명서(해당자에 한함)를 확인할 것을 권장함

○ 지원자격 심사 관련 안내 사항

- 동일 학년(학기) 중복 수료로 인한 수학 기간은 인정하지 않음

- 검정고시, 홈스쿨링, 사이버학습 등 학력 인정 방법은 재외국민과 외국인 특별전형 지원자격에서는 미인정함
- 기타의 경우는 이상에서 제시한 기준에 따라 해당 외국의 학제를 우리나라 학제와 대비하여 해당 기관에서 판단함
- 자격 기준에 대한 판단은 위의 안내 사항을 참고하되, 안내 사항에 포함되지 않는 사항은 대학별 「대학입학전형 관리위원회」 심의를 거쳐 판단 권장함

○ 전 교육 과정 이수자(「고등교육법시행령」 제29조제2항제7호) 지원자격 신사 관련 안내 사항

- 해외 1개국 내에서 학제가 동일한 학교에서 초·중·고 전 과정을 이수한 자
    - 해외에서 전 교육 과정을 이수하면 국내 초·중등학교 재학 여부와 관계없이 전 교육 과정 이수자로 인정 권장함
    - 해외에서 전 교육 과정을 이수하면 방학, 해외학교 및 해당 국가에서 정한 휴일에 국내에 임시로 체류하는 경우에도 전 교육 과정 이수자로 인정 권장함
    - 해외의 한 국가에서 전 교육 과정을 이수할 때, 이수 연한이 12년이 되지 않더라도 전 교육 과정 이수자로 인정을 권장함
- 학제가 다른 해외 2개 학교 이상에서 전 과정을 이수한 자

학년제	인정 여부 및 인정 조건	비고
10학년 이하	미인정	단, 연제로 인해 부족한 학교교육과정*의 기간만큼은 당해국 대학에서 이수한 과정 기간을 고등학교 과정 이수로 인정
11학년제	초·중등 과정의 마지막 3년을 해당국에서 이수한 경우 고등학교 과정으로 인정 – 단, 2개국 이상에서 11년 이상의 초·중등 과정을 이수해야 인정	
12학년제		
13학년 이상	10~12학년 또는 11~13학년을 해당국에서 이수한 경우 고등학교 과정으로 인정	

* 부족한 학교교육 과정 : 해당국 학년제의 총 이수 연수와 교육부에서 제시하고 있는 12년 간의 차이 연수
 – 단, 해외 2개국 이상에서 12년 이상의 초·중등 과정을 이수한 자가 전·편입학하는 과정에서 해당국 간의 학제 차이로 불가피하게 총 재학 기간이 1학기(6개월) 이내에서 부족하게 된 경우 예외적으로 인정함
 – 해당국의 교육 관계 법령 등에 의한 학제상 월반(전·편입학 시 월반은 미인정) 또는 조기졸업제도가 허용된 경우 초·중·고 12년 과정 중 월반 또는 조기졸업으로 인하여 부족하게 된 경우에도 예외적으로 인정함

□ 전형일정

○ 「고등교육법시행령」 제29조제2항제2호에 따른 재외국민과 외국인 특별전형에 지원하는 수험생이 주로 재학하고 있는 해외 주재 한국학교들의 정상적인 학사 운영을 위하여 전형을 7~8월 중에 진행할 것을 권장함

○ 「고등교육법시행령」 제29조제2항제6호에 따른 북한이탈주민 및 부모

가 모두 외국인인 외국인의 경우, 입학 시기 및 일정을 자율로 정한 후 대교협 심의를 거친 후 운영하되, 「고등교육법」 및 대학입학전형기본사항에 따른 전형방법의 사전예고는 준수하여야 함

○ 「고등교육법시행령」 제29조제2항제7호에 따라 외국에서 우리나라 초·중등교육에 상응하는 교육 과정을 전부 이수한 자의 경우, 3월 입학자를 선발할 때 대학입학전형기본사항의 일정을 준수하여야 함. 9월 입학자를 선발할 때는 대학입학전형시행계획에 사전예고하되, 대학 자율로 일정을 정하여 운영 가능함

□ 전형방법

○ 전형방법은 대학이 합리적으로 자율 결정하여 시행함

○ '업무 처리 요령'을 작성·비치하여 일반인이 열람할 수 있도록 하고, 해외근무 및 재학 기간 등 자격 요건과 전형방법 변경 시 경과 조치 및 충분한 유예 기간을 설정함

□ 모집인원

○ 외국에서 우리나라 초·중등교육에 상응하는 학교교육 과정을 전부 이수한 재외국민·외국인·결혼이주민 및 부와 모가 모두 외국인인 외국인 학생, 북한이탈주민의 모집인원은 정원외로 제한 없이 모집 가능함

○ 「고등교육법시행령」 제29조제2항제2호 '재외국민 및 외국인'은 [별표 1] 정원외 특별전형 총 학생 수 기준에 따라 선발하여야 하며, 이를 정원 제한 없이 선발하여서는 안 됨(감사원 지적 사례)

□ 지원자 제출 서류 공통화

○ 대학마다 상이한 제출 서류로 수험생 및 부모 혼란 해소를 위해 공통화 권장

<table>
<tr><td colspan="1">공통 제출 서류(재외국민 2% 이내 기준)</td></tr>
</table>

1. 고등학교 졸업(예정)증명서
2. 초등학교 재학 또는 성적증명서(해외고등학교 졸업자에 한함)
3. 중학교·고등학교 재학증명서
4. 중학교·고등학교 성적증명서
5. 학생 본인 기준 가족관계증명서
6. 출입국사실증명서(부모, 학생)
7. 사실증명발급신청위임장(부모, 학생)
8. 여권 사본(부모, 학생)
9. 재외국민등록부 또는 해외거주사실증명서(부모, 학생)
10. 재직증명서(해외 파견 재직자 및 현지 취업자 제출)
11. 해외 사업자등록증 또는 법인등기부등본(현지 취업자와 자영업자 제출)
12. 해외 재직회사의 법인세 납부 이력(현지 취업자 제출)
13. 해외 세금납부증명서(현지 자영업자 제출)

※ 대학별 추가 서류는 대학 자율로 결정

□ 2021학년도 재외국민과 외국인 공통 지원자격

○ 「고등교육법시행령」 제29조제2항제2호의 재외국민 및 외국인(정원의 2% 선발) 전형의 지원자격을 표준화함

- 학생 이수 기간은 3년 이상으로, 체류 기간은 학생의 경우 이수 기간의 3/4 이상, 부모의 경우 2/3 이상으로 설정

- 다만, 지원자격 변경에 따른 학생·부모의 신뢰 보호 및 선의의 피해를 막기 위하여 2020학년도까지는 대학 자율로 시행하되, 공통 지원자격은 2021학년도 대학입시부터 적용

구분	2020학년도까지		2021학년도 이후
학생 이수 기간	2년 또는 3년 이상 등 대학 자율 시행	⇒	고교 1년 포함 중·고 3년 이상으로 표준화
체류 기간	대학 자율 설정	⇒	• 학생 : 학생 이수 기간의 3/4 이상 • 부모 : 학생 이수 기간의 2/3 이상

- 2021학년도부터 변경됨을 모집요강 등을 통해 사전에 안내

○ 지원자격에 따른 부모 및 학생의 세부 지원자격 및 제출 서류

1. 「고등교육법시행령」 제29조제2항제2호

구분	내용
해외근무자의 정의	역년 3년(1,095일) 이상의 해외근무 또는 사업·영업을 목적으로 해외에 체류한 자
해외근무자 자녀의 정의	부모 중 1인 이상이 역년으로 3년(1,095일) 이상을 해외근무자로 재직·사업·영업하는 기간 동안, 해외 소재 학교에서 고교 과정 1개 학년 이상을 포함하여 중·고교 과정을 3개 학년 이상 수료한 자

구분	내용
해외재학 기간의 정의	학생이 학기 개시일부터 해외 소재 학교에 재학하였을 경우에는 학기 개시일부터 다음 학년도 동일 학기 개시일 전일까지를 1개 학년으로 함. 단, 학기 중간에 편입학하여 학기 개시일부터 재학하지 못한 경우에는 역년으로 1년(365일)되는 일까지를 1개 학년으로 함. 졸업한 자의 경우는 졸업일자까지를 1개 학년으로 정의함
외국체류 일수 조건	해당 전형의 지원자격을 충족하기 위해서는 학생의 특례 해외재학 기간의 각각의 1개 학년 기간마다 해외근무, 사업, 영업자와 그 배우자는 3분의 2 이상을, 학생 본인은 4분의 3 이상을 외국에 체류해야 함
제출 서류	1. 고등학교 졸업(예정)증명서 2. 초등학교 재학 또는 성적증명서(해외고 졸업자에 한함) 3. 중학교·고등학교 재학증명서 4. 중학교·고등학교 성적증명서 5. 부 또는 모 기준 가족관계증명서 6. 출입국사실증명서(부모, 학생) 7. 사실증명발급신청위임장(부모, 학생) 8. 여권 사본(부모, 학생) 9. 재외국민 등록부 또는 해외거주사실증명서(부모, 학생) 10. 해외거주사실증명서 11. 부모 중 1인 재직증명서(해외 파견 재직자 및 현지 취업자 제출 서류) 12. 재직회사의 사업자등록증 또는 법인등기부등본 및 법인세 납부 이력(현지 취업자 제출 서류) 13. 자영업자의 해외 세금납부증명서(현지 자영업자 제출 서류)

2. 「고등교육법시행령」 제29조제2항제7호

구분	내용
전 교육 과정 이수자 정의	외국에서 우리나라 초·중등교육에 상응하는 교육 과정을 전부 이수한 재외국민과 외국인
제출 서류	1. 고등학교 졸업(예정)증명서 2. 초·중·고 재학증명서 3. 초·중·고 성적증명서 4. 출입국사실증명서 5. 사실증명발급신청위임장 6. 신분증 사본

3. 「고등교육법시행령」 제29조제2항제6호

구분	내용
부모 모두 외국인인 외국인 정의	부모 모두 외국인인 외국인(학생이 우리나라 고교 과정과 상응하는 교육 과정을 시작하기 전에 부모와 학생 모두가 외국국적을 취득한 경우 인정)
제출 서류	1. 고등학교 졸업(예정)증명서 2. 초등학교 재학 또는 성적증명서 3. 중학교 재학증명서 4. 중학교 성적증명서 5. 고등학교 재학증명서 6. 고등학교 성적증명서 7. 한국의 가족관계증명서에 해당하는 외국정부가 발급한 증명서 8. 외국국적증명서(부모, 학생의 시민권 사본 또는 여권 사본)

■ 전형의 소개

재외국민과 외국인 특별전형의 도입 목적은 해외 주재 상사 직원과 외교관 등 자녀의 국내 학교교육 수학 결손을 보전하여 해외근무 여건을 조성하고 외국 영주 교포 자녀에게 모국 수학 기회를 제공하여 국적 교육을 강화하는 것입니다. 제도를 도입할 당시의 교육법 제162조의2제1항에 명시된 '국가의 재외국민에 대한 교육 시책의 강구 의무'에 따라 도입되었습니다.

재외국민과 외국인 특별전형은 1977년 2월 8일 교육법시행령 개정안에 따라 교포와 외교관 자녀, 외국에서 12년 이상의 학교교육 과정을 이수한 자 등에게 특례입학을 허용하면서 시행했습니다. 또 1979학년도부터는 해외 주재 상사 직원과 정부파견 의사의 자녀도 특례입학으로 대학에 진학할 수 있게 되었습니다. 1982학년도부터는 정부초청 귀국 교수요원의 자녀가 자격 기준에 추가되었습니다. 하지만 1990년과 1993년에 감사원 감사 결과, 재외국민과 외국인 특별전형에서 부적절 사례가 발견되어 1994학년도부터는 업무 처리 편람을 보완하여 이를 준수하도록 했습니다.

정부의 세계화 시책에 부응하고자 1996년 8월 23일 교육법시행령 제71조의2제3항을 공포하여 대학이 자율적으로 차등적인 교육적 보상 기준에 따라 특별전형을 시행할 수 있었습니다. '당해 대학의 교육 목적과 사회 통념적 가치 기준에 적합한 합리적인 입학전형의 기준 및 방법에 따라 공정한 경쟁에 의하여 공개적으로 시행하여야 한다'는 대원칙하에 대학은 자율적으로 모집인원을 선발할 수 있었습니다. 이때 재외국민과 외국인 특별전형의 지원자격이 자영업, 현지법인, 선교사, 유학, 연수, 출장 등으로 해외에 거주한 모든 재외국민의 자녀로까지 확대되었습니다.

해당 전형을 시행한 초기에는 대학학생정원령 제2조에 따라 입학정원에 관계없이 각 대학이 선발인원을 자율적으로 정할 수 있었습니다. 하지만 1988년 3월 1일 동법시행령 개정에 따라 교육법시행령에 규정한 특례입학으로 선발 가능한 인원은 당해 대학 학년별 입학정원의 2%, 학과정원의 10% 범위 내로 제한되었습니다. 이후 1996년 9월 30일 특별전형의 대상자 선정 권한 등을 대학으로 이양하는 것으로 교육법시행령을 개정하여 특례입학 대상자 중 외국에서 12년 이상의 전 학교교육 과정을 이수한 재외국민은 1988년 3월 이전과 같이 대학에 지원할 수 있도록 변경했습니다. 교육법시행령과 대학학생정원령을 폐지한 이후 고등교육법시행령에서는 재외국민과 외국인 특별전형의 정원외 모집인원을 이전과 동일하게 입학정원의 2%로 제한하고 있습니다.

최근 실시한 재외국민과 외국인 특별전형 감사원 감사 결과, 재외국민과 외국인 특별전형에서 학부모의 해외근무 기간을 허위로 기재하고, 자녀를 해외에 거주하는 교포나 선교사에게 입양시켜 자격 요건을 획득하는 등 부작용이 드러났습니다. 즉, 시대가 변하면서 재외국민과 외국인 특별전형 도입 당시의 취지와 달라져 한계가 있는 전형이라는 부정적 평가를 받고 있습니다. 이에 서울대는 해외 주재원이 흔한 요즘과는 맞지 않고 본래의 재외국민과 외국인 특별전형의 취지와도 다르다는 이유로 해당 전형을 폐지했습니다.

재외국민과 외국인 특별전형에서 그간 사회적으로 제기했었던 문제점을 정리하면 다음과 같습니다.

첫째, 전형제도의 허점을 악용하는 부정, 불법, 편법의 문제입니다. 둘째, 전형의 합리적 관리 미비의 문제입니다. 셋째, 전형제도로 발생한 교육 풍토의 왜곡 문제입니다. 넷째, 전형제도의 공정성과 타당성 문제입니다. 이런 문제점은 비단 재외국민과 외국인 특별전형에만 해당하는 것은 아닙니다. 그럼에도 차등적 보상 기준에 따른 정원외 특별전형인 재외국민과 외국인 특별전형에서 계속적으로 이런 문제점이 논쟁을 불러일으키는 이유는 시대적인 상황이 변하면서 공정성과 타당성 문제가 크게 부각되었기 때문일 것입니다. 이런 부정적 의견과 지원자격을 악용하기 쉽다는 의견을 반영하여 2021학년도부터는 전국 대학의 지원자격이 3년 이상 해외에서 재학 및 재직한 수험생과 학부모에게 지원자격을 부여하는 것으로 강화될 예정입니다. 재외국민 특별전형을 고려하는 중학생이라면, 대학입학전형기본사항에서 바뀐 지원자격 요건을 사전에 반드시 확인해야 할 것입니다.

이 제도의 도입 초기에는 부모의 '불가피한 해외근무'를 보상하는 성격이 강했습니다. 즉, 재외국민과 외국인 특별전형은 부모의 희생을 바탕으로 한 사회적 기여에 '보상'한다는 성격과 외국 수학으로 국내 대학입시를 준비할 때 어려움을 겪는 약자를 '배려'한다는 성격을 동시에 지니고 있었습니다. 하지만 1977년의 상황과 현재의 상황은 많이 다릅니다. 1997년 이후 지원자격이 완화되어 자영업이나 유학까지 해외거주 사유에 포함하면서 '희생에 대한 보상'이나 '약자에 대한 배려'라는 근거는 사회의 보편적인 통념에 비춰 봤을 때 공정하다고 할 수 없을 것입니다.

이 제도를 비판적으로 보는 시각도 이런 부정적 의견과 같은 맥락입니다. 현재 해외거주는 불가피한 희생이라기보다는 오히려 개인의 이익 때문에 자발적으로 선택한 결과라는 점에서 '희생에 대한 보상'은 정당화하기 어렵습니다. 게다가 해외거주 경험이 주로 부유층에 편중해 있다는 점에서 해외거주와 수학 경력만으로 지원자격을 부여하는 것은 '특권층에 대한 특혜'가 될 수 있습니다.

재외국민과 외국인 특별전형은 정원외 특별전형 중 가장 오랫동안 운영한 전형이지만, 그동안 사회적 배경과 여건이 많이 변했습니다. 이제 사회적으로 제기된 부정적 의견을 줄이는 전형으로 재도약할 수 있는 개선방안을 도출해야 할 시점이라고 생각합니다. 물론, 해외에서 체류하고 학업을 이수하는 것이 학부모와 수험생의 입장에서 쉬운 일은 아닙니다. 그러므로 해당 전형을 무조건 폐지하기보다는 사회적 합의를 도출하고 공감대를 형성할 수 있는 지원자격과 전형요소를 설정하여 이런 문제점과 의혹을 불식시켜야 할 것입니다.

5.2 대학별 전형의 특징

재외국민과 외국인 특별전형 시행 초기에는 대입 예비고사, 1890년대와 1990년대에는 학력고사 이외의 수단을 활용하여 재외국민 입학생을 선발할 수 있다는 법령에 따라 각 대학은 별도의 필기시험으로 재외국민과 외국인 특별전형을 시행했습니다. 2000년대에 접어들면서 필기시험

이외의 다른 전형요소를 재외국민과 외국인 특별전형에 도입했습니다.

　재외국민과 외국인 특별전형은 국내 고등학교의 교육 과정을 이수한 학생들이 지원 대상이 아니기 때문에 학교생활기록부 또는 대학수학능력시험을 전형요소로 활용하여 학생을 선발하지 않습니다. 또 재외국민과 외국인 특별전형은 그 특수성을 인정하여 대학입학전형 간소화 방안을 적용하지 않고 예외적으로 운영합니다. 다만, 대학입학전형기본사항에 명시된 수시모집 지원 횟수 6회 제한, 수시모집 합격자 정시모집 지원 제한 등 지원 관련 기준과 규칙은 동일하게 적용합니다. 그러므로 이 전형에 지원하는 학생들은 대학입학전형기본사항과 각 대학의 모집요강에서 관련 특징들을 반드시 확인합니다.

　현재 재외국민과 외국인 특별전형을 시행하는 대학에서 가장 많이 활용하는 전형요소는 면접입니다. 하지만 많은 수험생이 선호하는 일부 대학에서는 필답고사나 서류평가로 수험생을 선발합니다. 필답고사에는 영어, 국어, 수학 등을 주로 출제합니다. 최근에는 재외국민과 외국인 특별전형 지원자격자에게 서류를 제출받아 정성적 평가를 실시하는 대학도 늘었습니다.

　재외국민과 외국인 특별전형은 대학입학전형기본사항에 명시된 대학입학전형 간소화 방안을 따르지 않고 대학에서 자율적으로 전형요소를 선정하므로 모집요강을 확인하여 각 대학의 전형요소에 최적화된 전략을 수립하는 것이 합격의 지름길입니다. 필답고사를 실시하는 대학에서는 대학입학처 웹사이트에 지난 학년도의 기출문제를 업로드하여 수험생이 문제 경향을 파악할 수 있도록 하고 있습니다.

　　재외국민과 외국인 특별전형은 전형요소뿐만 아니라 지원자격과 관련된 제출 서류를 준비하는 과정 또한 만만치 않으므로 각 지원자격별로 요구하는 서류를 사전에 파악하여 준비합니다. 혹시 지원자격 적합 여부가 불분명할 때는 반드시 지원 대학별로 적합성 여부를 확인한 후 지원하도록 합니다.

재외국민 : 철저하게 대학입학을 준비하라

　부모의 직업 때문에 중·고교 시절을 해외에서 체류한 수험생은 정원외 특별전형 중 하나인 재외국민과 외국인 특별전형에 주로 지원합니다. 초기 취지와 달리 재외국민과 외국인 특별전형의 목적이 다소 퇴색하기는 했지만, 현재까지 운영되는 가장 오래된 정원외 특별전형입니다.

　해외에서 중·고등학교를 다닌 후 국내 대학으로 진입하는 과정이 쉽지만은 않습니다. 사실 청소년기에 익숙하지 않은 환경, 약자가 될 수밖에 없는 해외라는 환경에서 한국대학을 목표로 대입을 준비하기란 생각보다 무척 어려운 일입니다. 정원외로 운영하는 재외국민과 외국인 특별전형 또한 초기에 비하면 경쟁률이 매우 높습니다.

　필자는 업무 특성상 고등부를 운영하는 재외 한국학교에 출장을 많이 다닙니다. 교육부에서는 매 학년도 재외 한국학교에서 근무하는 교사와 공부하는 학생 수 통계를 웹사이트에 업로드하고 있습니다. 필자는 그중 고등부를 운영하는 대다수 학교를 방문하여 수험생과 진학 담당 선생님들을 직접 만나 보았습니다. 필자가 느끼기에 예전보다 재외 한국학교의 위상이 많이 높아졌으며, 또 계속해서 발전하고 있는 듯했습니다. 이는 학교장과 진학 담당 선생님들, 교민 사회가 함께 노력한 결과라고 할 수 있습니다. 국내 대학에 진학을 원하는 해외거주 학생이라면, 대입정보를 빠르게 수집하여 재외 한국학교에서 준비하는 것이 최선이자 최고의 방법이 아닐까 합니다. 물론, 전 세계 모든 국가에서 재외 한국학교를 운영하는 것은 아니므로 재외 한국학교가 없는 지역의 수험생은 해당 지역의 인터내셔널 스쿨이나 로컬 스쿨에서 학업을 이수하면 됩니다.

예전보다 재외국민과 외국인 특별전형의 합격이 경쟁률 면이나 대학별 고사를 준비하는 면에서 어려운 것은 사실입니다. 하지만 정원외 전형이고 학업 분위기나 대입을 준비하는 강도가 국내 학생보다는 수월한 면도 있습니다. 그러니 자신의 주어진 상황을 적극적으로 활용하여 최선을 다해 준비한다면 분명 좋은 결과를 얻을 수 있을 것입니다. 재외 한국학교 선생님이 학생들에게 하는 말이 있습니다. "한국 수험생은 해외에서 졸업한 수험생보다 훨씬 더 어렵게 대입을 준비한다." 하지만 학생들이 이를 체감하기는 어렵습니다. 해외에서 수학한 장점과 여건, 대입과 관련된 여러 정보를 활용하여 최선을 다한다면 결국 원하는 결과를 얻게 될 것입니다.

4부

나에게 필요한 맞춤 대학입학정보를 확보하라

대학입학정보 1단계 내비게이션 :
대학입학전형기본사항

　이제 대입전형 사전예고 기간에 맞춰 기관과 대학에서 제공하는 정보들을 빠르게 취합하는 방법을 구체적으로 알아봅니다. 다시 한 번 복습하는 의미에서 대입전형 사전예고 기간에 따라 취할 수 있는 대입정보에 어떤 것들이 있는지 2017학년도와 2018학년도를 기준으로 확인하면 다음과 같습니다.

■ 대입전형 사전예고 기간

구분	2017학년도	2018학년도
대학입학전형기본사항	2014년 8월 발표 (2년 6개월 전 발표)	2014년 8월 발표 (2년 6개월 전 발표)
대학입학전형시행계획	2015년 4월 발표 (1년 10개월 전 발표)	2015년 4월 발표 (1년 10개월 전 발표)
대학별 모집요강	2016년 4월 발표 (10개월 전 발표)	2016년 4월 발표 (10개월 전 발표)

이 일정에 맞춰서 각 학년도의 최신 대입정보를 획득할 수 있습니다. 이후 학년도에서도 발표 시점은 동일합니다. 대학입학전형기본사항을 인터넷에서 확인하는 과정은 다음과 같습니다.

먼저 한국대학교육협의회 웹사이트(http://www.kcue.or.kr)에 접속합니다. 한국대학교육협의회 웹사이트에 접속하면 다음 화면이 나타납니다. 화면 오른쪽에 있는 '대교협 홈페이지'를 클릭합니다.

한국대학교육협의회의 초기화면으로 이동합니다. 화면 중간 정도에 있는 '대교협 보도자료' 메뉴를 클릭합니다.

대교협에서 발간한 모든 보도자료를 볼 수 있는 화면으로 이동합니다. 고등교육과 관련된 현안들을 확인할 수 있습니다.

　제목란에 '기본사항'을 입력하고 〈찾기〉 버튼을 누릅니다. 각 학년도 '대학입학전형기본사항'이 검색되면 고등교육법에 명시된 일정에 따라 대학입학일을 기준으로 2년 6개월 전 발표하는 해당 학년도 '대학입학전형기본사항' 파일을 다운로드합니다.

　다운로드한 파일을 열면 최신 대학입학전형기본사항을 확인할 수 있습니다.

2

대학입학정보 2단계 내비게이션 :
대학입학전형시행계획

각 대학에서는 관련 법령에 따라 향후 대학에서 진행할 구체적인 대학입학 방법을 '대학입학전형시행계획'에 명시합니다. 여기서는 '대학입학전형시행계획'을 법령 일정에 맞춰 확인하는 과정을 알아봅니다. 이 과정에 따라 대학입학전형시행계획을 획득한다면, 수험생의 입장에서는 관심 있는 대학의 최신 대입정보를 빠르고 정확하게 확인하여 대입 전략을 수립할 수 있습니다.

'대학입학전형시행계획'은 대학입학일을 기준으로 1년 10개월 전부터 한국대학교육협의회 웹사이트와 각 대학별 입학처 웹사이트에 게시합니다. 대학입학일을 기준으로 1년 10개월 전 대학별 웹사이트에서 관심 있는 대학의 최신 대입정보를 '대학입학전형시행계획'으로 확인할 수 있습니다.

보통 포털사이트에서는 관심 있는 대학 이름으로만 검색하는데, 대학

이름과 함께 '입학처' 키워드를 붙여서 검색하는 것이 좋습니다. 그러면 해당 대학에서 별도로 운영하는 입학처 웹사이트로 바로 이동할 수 있습니다. 대입정보는 대학의 메인 웹사이트보다는 입학처 웹사이트에 주로 게시합니다. 연세대를 예로 들어 지금부터 그 과정을 설명합니다.

포털사이트에서 '연세대 입학처'를 검색한 후 검색 결과에서 '대학교 입학처'를 클릭합니다.

연세대 입학처 웹사이트로 이동하면 다음 초기화면이 나타납니다.

대다수 대학별 입학처에서는 '공지사항' 메뉴에서 구체적인 '대학입학전형시행계획'을 다운로드할 수 있는 링크를 제공합니다. '주요사항'이라는 이름으로 파일을 업로드하는 대학도 많습니다. 파일 이름이 어떻든 해당 일자(대학 입학일 기준 1년 10개월 전)에 대학별 입학처 웹사이트에 접속하면 대학입학전형시행계획 최신 자료를 얻을 수 있습니다.

대학교 입학처 웹사이트는 자주 방문하는 것이 좋습니다. 대학교 입학처 웹사이트에서는 지난 학년도 기출문제를 제공하고 수험생이 주의할 사항이나 질문 등을 올릴 수 있는 게시판을 운영하므로 수험생이 양질의 정보를 얻을 수 있는 중요한 통로입니다. 관심 있는 대학별 입학처 웹사이트를 즐겨찾기에 모아 놓고 시간이 날 때마다 접속하여 대입과 관련된 알찬 정보들을 얻기 바랍니다.

　한국대학교육협의회에서는 각 대학별 대학입학전형시행계획의 내용을 책자로 모아 발간합니다. 해당 책자는 한국대학교육협의회 웹사이트에서 다운로드할 수 있습니다. 관심 있는 대학의 정보를 각 대학별 웹사이트에서 찾아서 획득하거나 한국대학교육협의회에서 제공하는 자료를 분석한다면 향후 도래할 학년도의 대학입시 경향을 한눈에 파악할 수 있습니다. 대입을 준비하는 학부모와 수험생이라면 이곳에서 고급정보들을 얻을 수 있을 것입니다.

3

대학입학정보 3단계 내비게이션 : 대학별 모집요강

　　대학별 모집요강을 찾는 방법은 이미 앞서 여러 차례 소개했습니다. 대학별 모집요강은 대학입학일을 기준으로 10개월 전 각 대학별 입학처 웹사이트에 게시합니다. 대학별 입학처를 찾는 방법도 앞서 알아보았으니 어렵지 않을 것입니다. 지금부터는 각 대학별 모집요강을 접한 후 주의해야 할 점을 살펴봅니다.

　　'대학입학전형기본사항'에서는 모집요강의 목차를 다음 형태로 구성하도록 권장합니다.

> I. 전형요약 및 주요 사항(변경 사항)
>
> II. 모집단위·전공(입학정원)

Ⅲ. 전형별 모집인원

Ⅳ. 원서접수 및 전형일정, 충원합격발표 및 등록(미등록 충원 등) 등 안내

Ⅴ. 세부 전형별 안내

○○○○○ 전형

1. 모집단위 및 모집인원   2. 지원자격 ※ 수능 최저학력 기준

3. 전형방법   4. 선발원칙

5. 전형일정   6. 제출 서류 ※ 동점자 처리 기준

Ⅴ-1. 제출 서류 안내 사항(양식 포함) : 별첨 자료로 활용(대학 선택)

Ⅵ. 수시 : 학생부 반영 방법   정시 : 수능 반영 방법, 학생부 반영 방법

Ⅶ. 지원자 유의 사항

－「고등교육법」 기본사항 유의 사항   － 대학별 유의 사항

Ⅷ. 등록포기 및 환불 안내

Ⅸ. 전형료

Ⅹ. 학사 안내(장학금, 기숙사, 학사, 취업)

모든 대학에서 이 형태로 목차를 구성하는 것은 아니지만, 대다수는 이 순서대로 모집요강을 풀어 나가고 있습니다. 그러므로 관심 있는 대학별로 모집요강을 확인한 후 필요한 내용들을 취합·정리한다면 대입을 준비할 때 유용한 자료로 활용할 수 있을 것입니다.

대입 관련 전형내용뿐만 아니라 지원자 유의 사항, 등록포기 및 환불

내용 등 세부 사항도 대학별로 반드시 확인하도록 합니다. 많은 학부모와 수험생이 대학을 지원하는 전형방법만 숙지하고 부가적인 사항은 놓치는 바람에 어쩔 수 없이 재수를 선택하거나 합격 사실을 고지받지 못하는 상황이 종종 발생합니다. 참으로 안타까운 일입니다. 모집요강에 이미 기술된 내용이기에 인정에 호소할 수도 없습니다.

거듭 강조하지만 대학을 지원하고 합격 여부에 따라 등록의사를 표시하는 일련의 과정은 기준과 규칙을 준수했을 때만 정당하게 합격의 기회를 보장받을 수 있음을 잊지 마세요.

이제 모집요강을 찾는 방법을 알아봅니다. 성균관대 입학처를 예로 들어 설명하겠습니다. 자주 방문하는 포털사이트에서 성균관대 입학처를 검색합니다.

성균관대 입학처 웹사이트로 이동합니다. 이곳에서 모집 시기별로 제시되어 있는 각 메뉴에서 과년도 모집요강과 최신 모집요강을 검색하여 다운로드할 수 있습니다. 재외국민과 외국인 특별전형, 부모 모두 외국인인 외국인 전형, 편입전형의 모집요강도 다운로드할 수 있습니다.

수험생에게 주는 특별한 선물

우리나라의 대학입학제도는 계속 변화해 왔는데, 그 과정에서 시험 방법과 운영 방법도 조금씩 개선했습니다. 필자는 현재 운영하지 않는 제도인 특차가 있을 때 대학에 진학했습니다. 지금까지도 아쉽게 생각하는 것이 하나 있는데, 큰 그림을 보지 못한 채 대학입학에 도전했다는 점입니다. 그때 당시에는 이것저것 잘 모르는 상태에서 대학에 지원했고, 운 좋게도 원하던 대학에 합격해서 졸업도 했습니다. 하지만 당시 누군가 필자에게 대입전형들을 자세히 설명해 주고 지원 방법과 전략 정보를 제공했다면 지금과는 다른 결과를 얻었을 수도 있지 않았을까 하고 생각해 봅니다. 이런 마음에서 대입을 준비하는 수험생들이 좀 더 현명한 선택과 결정을 할 수 있게 도와주고자 이 책을 쓰게 되었습니다.

종종 필자에게 어떻게 하면 좋은 대학에 갈 수 있느냐면 비결을 묻는 사람들이 있습니다. 그들에게 필자는 이렇게 대답합니다. 먼저 진학하려는 대학에서 요구하는 전형요소에서 탁월한 성취도를 보여야 한다고 말입니다. 즉, 요령과 꾀만으로는 좋은 결과를 얻을 수 없습니다. 많은 수험생이 주어진 환경과 여건 속에서 최선을 다해 대학에서 요구하는 전형요소를 만족시키는 탁월한 성적과 성취도를 보여 주고자 노력합니다. 이런 각자가 처한 상황 속에서 열심히 노력하며 학업에 정진하는 모든 수험생에게 응원의 박수를 보냅니다.

지피지기 백전불패라는 말처럼 대학입학제도를 큰 관점에서 이해하고 각 전형의 특징을 파악한 후 전략을 수립하여 대입에 도전한 수험생에게 주는 선물이 바로 대학 합격입니다. 요행수를 바라지 않고 노력하는 자만이 받을 수 있는 선물이기도 합니다.

대학입학을 준비하는 과정에서 많은 수험생이 삶의 원리를 배웁니다. 많은 공을 들이고, 열심히 노력하며, 많은 시간을 쏟는다면 좋은 결실을 맺을 수 있다는 진리를 대입을 준비하는 과정에서 알게 되는 것입니다. 여러분이 공을 들인 시간의 결과가 이 책의 내용과 함께 더욱 빛날 수 있기를 소원합니다.

십대를 위한 행복한 진로 탐색 교과서 60

서울대 8인의 진로 콘서트

전창열 외 | 13,800원

청소년들이 오로지 대학 진학만을 최대 목표로 한다면, 경쟁에 치여 살 수밖에 없다. 인생의 목표는 뒷전인 채 하루하루 무의미하게 살아갈 수 밖에 없다. 드림컨설턴트는 대한민국의 행복하지 않은 청소년들에게, 이미 청소년기를 보내고 지금은 대학생이 된 형과 누나들의 위로와 진심어린 충고를 통해 '공감'을 주고 있다. 이 책은 드림컨설턴트 중 풍부한 멘토링 경험으로 무장한 8명의 핵심 멤버가 저자로 참여하였다.

합격과 불합격을 결정하는 행복한 자소서 멘토링

수시 전형 70% 시대, 자기소개서로 승부하라

권소라 외 | 13,800원

수시 전형 70% 시대에 대학 입학을 위해서는 자기소개서가 필수가 되었다. 온라인과 오프라인에서 만난 수많은 학생들의 자기소개서 사례가 이 책의 기반이 되었는데, 1,000여 건의 자기소개서 첨삭 사례를 분석하여 이 책을 썼다. 이 책에서는 누구라도 매력 있는 자기소개서를 쉽게 쓸 수 있는 7단계 전략을 제시한다. 자기소개서를 쓰는 7단계를 차근차근 따라가다 보면, 자신의 삶을 어필할 수 있는 자기소개서가 완성된다.

대학으로 가는 길은 험난하다. 긴장의 끈을 놓을 수 없는 3년 동안의 내신 관리, 내 인생의 첫 번째 자기소개서, 그리고 온 힘을 다한 수능이 끝나면 대학 입학의 마지막 관문과 만나게 된다. 바로 '대입 면접'이다. 대입 면접 10분은 인생에서 가장 길게 느껴질 수도 있지만, 학생들은 바로 그 〈10분〉을 위해 3년의 노력을 쏟아야만 한다. 이 책에서는 누구라도 알찬 면접을 대비할 수 있는 3단계 전략을 제시한다.